NASRIN BASSIRI
NICHT OHNE DIE SCHLEIER DES VORURTEILS
Kritische Anmerkungen einer iranischen Frauenrechtlerin
zu Betty Mahmoodys Buch
Zur Lage der Frau im Iran

Nasrin Bassiri

Nicht ohne die Schleier des Vorurteils

Kritische Anmerkungen einer iranischen Frauenrechtlerin zu Betty Mahmoodys Buch

Zur Lage der Frau im Iran

HORIZONTE

1. Auflage 1991
Copyright 1991 by Horizonte Verlag GmbH, Bad König
Alle Rechte vorbehalten.
Umschlaggestaltung: Peter Spiegel
Druck: May & Co., Darmstadt
Printed in Germany
ISBN 3-926116-35-8

Ich danke Dieter Reinhardt
für seine grenzenlose Hilfe.

Nasrin Bassiri

Inhalt

Einleitung

Warum ich schreibe

Das erste Mal hörte ich von dem Buch »Nicht ohne meine Tochter« auf der Geburtstagsfeier einer Journalistin. Ich bin mit ihr befreundet, aber kannte keine von ihren Gästen. Wir feierten in einer alternativen Kneipe am Wassertorplatz. Einer der Gäste merkte, daß ich und meine Freundin, mit der ich zusammen hingegangen war, Iranerinnen waren, und sprach uns deshalb an. Sie war sehr erstaunt und entsetzt, daß iranische Frauen von Männern und der islamischen Regierung unterdrückt werden. Sie war sehr froh uns dort zu treffen und stellte uns viele Fragen. Wir erzählten ein wenig über das Leben der Frauen im Iran, wir sagten, daß wir in einer Frauenorganisation aktiv waren und schließlich auch deshalb aus dem Land flüchten mußten. Sie fragte einiges über unsere Flucht, und wir erzählten, wie wir über die Gebirge im kurdischen Teil Irans in die Türkei geflüchtet sind, zehn Tage zu Fuß und auf dem Pferderücken zurückgelegt haben und es sehr gefährlich war, so daß keine von uns es noch einmal wagen würde, auf dem gleichen Wege nach Iran zurückzugehen, obwohl wir uns dies bei unserer Reise fest vorgenommen hatten, sobald die Gefahren vorüber und unsere FreundInnen wieder frei sind. Eigentlich eine Illusion, die wir aber brauchten, um Kraft zu haben und flüchten zu können.

Sie erzählte uns, was in diesem Buch stand: Eine Amerikanerin, die verzweifelt um ihr Kind kämpfte, ein furchtbares Land und ein schrecklicher Mann.

Ich versprach, das Buch zu lesen, tat es aber nicht. Viele Monate später hörte ich von einigen Bekannten und FreundInnen erneut Zitate aus dem Buch. Jedesmal bin ich gefragt worden, was ich davon halte, ob das alles wahr ist, ob die iranischen Frauen tatsächlich so leben. Einige erzählten mir, daß das Buch rassistisch sei und daß sie sich beim Lesen so geärgert hätten, daß sie es gar nicht bis zu Ende lesen konnten. Fast alle sagten, das Buch sei sehr spannend geschrieben und - bis auf einige, die es gar nicht zu Ende lesen wollten - haben es gar nicht aus der Hand legen wollen. Einige iranische

FreundInnen erzählten mir, was sie in dem Buch fanden: Beschreibungen über Hygiene, Käfer im Reis und Dreck in Kräutern und einiges mehr. Frau Mahmoody behauptet, alle Iraner sind dreckig, sie stinken und fressen wie wilde Tiere.

Ich war entsetzt. Eine Frau mit rassistischen Ansichten. Schade um die Zeit, warum soll ich es lesen. Wenn ich das Buch kaufe, unterstütze ich sie nur.

Es war mir aber immer peinlicher gewesen, das Buch nicht gelesen zu haben. Jeder Nachbar, jede Arbeitskollegin, Mitreisende im Zug oder Arzthelferinnen im Krankenhaus fragten mich danach, sobald sie wußten, daß ich aus dem Iran komme. Verdammt! Ich habe mich mit Händen und Füßen dagegen gewehrt, das Buch zu lesen. Meine bisherige Begründung: »Zeitverschwendung, wieso soll ich eine Frau mit rassistischen Ansichten finanziell und moralisch unterstützen«, zog bei mir nicht mehr. Wenn man mich nur damit in Ruhe lassen könnte! Viele Frauen und Männer in meiner Umgebung kannten mich als eine Frau, die jahrelang in Frauenorganisationen gearbeitet hat und immer zu der Lage der Frau im Iran etwas sagen konnte. Es war für sie nicht mehr verständlich, daß ich dies so viel diskutierte und umstrittene Buch nicht gelesen hatte und nichts dazu sagen könnte.

Ich konnte auch keinem erklären, warum ich es nicht lesen wollte, nicht einmal mir selber ...

* * *

... es war ja so viel Zeit vergangen, es ist fast Geschichte, inzwischen lebt sie wieder bei mir. Lohnt es sich, alle Erinnerungen wach zu rütteln, nur damit ich jeder neugierigen Frau, der Mutter einer Freundin und der Kassiererin im Schwimmbad erklären kann, was wahr und was nicht wahr ist?

Was sie auch geschrieben haben mag, ich hatte Mitgefühl, ohne das Buch genau zu kennen, ich kannte nur Bruchstücke aus zweiter Hand.

Wir haben sehr viel ähnliches erlebt. Rauhes, mit Gewalt durchsetztes Leben in der Fremde, Kindesentführung in der Fremde, wo man sich am wenigsten Hilfe holen kann. Sie hat sich auch, ähnlich wie ich, gewehrt, sich nicht unterwerfen lassen, und schließlich ihre Wut durch Schreiben zu stillen versucht.

Ich lebte in Berlin und war Mitglied der CISNU - Konföderation iranischer Studenten - National Union, eine weltweite studentische Organisation, die gegen den Schah protestierte und durch Massendemonstrationen, Seminare und Kongresse, auch mit Hungerstreiks und Botschaftbesetzungen sich für die Menschenrechte im Iran einsetzte. Einige von uns waren schon nach Iran zurückgekehrt und wurden verhaftet. Es war mir klar, daß ich nicht mehr unter der Schahregierung nach Iran zurückkehren konnte.

Die Berliner Richter haben damals meine Befürchtung nicht ernst genommen, waren nicht bereit, eine einstweilige Anordnung zu erlassen, damit sie von ihrem Vater nicht vom Kindergarten abgeholt werden kann. Und dann saß ich viertausend Kilometer weit von ihr in einem fremden Land fest.

Sie konnte noch keine ganzen Sätze sprechen. Sie war ja zweisprachig aufgewachsen. Im Kindergarten sprach sie nur Deutsch und zuhause, im Studentenheim Grunewald, sprach sie Persisch mit mir und Deutsch mit anderen Bewohnern. Alle mochten sie gern, wegen ihrer großen schwarzen Mandelaugen und ihrem lustigen, immer erstaunten Blick. Ich habe mir vorgestellt, wie sie jetzt mit Menschen zusammenlebt, die sie noch nie gesehen hat, und wenn sie nicht gerade traurig ist und Mut hat, sagt sie mit fragender Stimme »Saft« oder »Eis« und wartet auf eine Antwort, die sie nie bekommt, weil dort niemand Deutsch spricht. Das sind nun einmal ihre Lieblingsgenüsse, die sie fast jeden Tag mit fragendem Gesichtsausdruck und forschendem Blick verlangt.

Ich kann sie anrufen, sie ist aber noch sehr klein für eine Unterhaltung. Sie atmet nur, ich höre das, sie ist verunsichert, die Stimme hallt wider, ich höre nur meine eigene Stimme und ihren Atem.

Ich kann auch keine Briefe schreiben. Sie kann sie ja noch nicht lesen. Wenn ich welche schreiben würde, bin ich mir sicher, wird niemand sie ihr vorlesen. Aber ein einfaches Kinderbuch wird man ihr wahrscheinlich vorlesen. Sie wird sich bestimmt freuen. Es wird sie in ein Märchenland verführen. Dann wird sie nicht mehr mit fremden Menschen irgendwo weit von mir sitzen, sondern in einem Traumland mit FreundInnen und Märchentieren spielen. Aber woher soll ich ihr ein Märchenbuch kaufen, das ihre Großmutter vorlesen kann. Sie kann Persisch und höchstens ein wenig Arabisch, aber kein Deutsch.

Weil ich die Beziehung zu ihr suchte, weil ich gerne ihr etwas sagen wollte, kaufte ich mir Kinderbücher und übersetzte sie ins Persische. Als sie größer wurde, übersetzte ich ihrem Alter entsprechende Jugendromane und Sachbücher, solche die Mädchen Mut machen wie »Die rote Zora«. Ich habe immer in Teheran Verlage gefunden. Natürlich mußte ich ein wenig mogeln. Aus »Kinderstreik in Santa Nikola« wurde »Wir pflücken keine Oliven für Don Camale« und aus »Die rote Zora« wurde »...«. Ich habe sogar während der Schahregierung lobende Kritiken von offiziellen iranischen Zeitungen erhalten und ein sehr bescheidenes Honorar, das mir Mut machte und die Möglichkeit gab, weiterzumachen.

Inzwischen war ich mit einem prominenten iranischen Oppositionellen verheiratet. Damit war klar: Ich werde, solange der Schah regiert, nicht nach Iran zurückkehren können - selbst wenn ich aufhören wollte politisch zu arbeiten, in der Hoffnung, daß irgendwann meine politischen Aktivitäten gegen den Schah verjähren oder in Vergessenheit geraten würden.

Während der Revolution, genauer gesagt, kurz vor dem endgültigen Schahsturz, als ich nicht mehr befürchten mußte verhaftet zu werden, kehrte ich nach Iran zurück und konnte fünf Jahre lang dort leben und ab und zu meine halbwüchsige Tochter besuchen.

Mein Mann mußte 1981 das Land aus politischen Gründen verlassen. Ich bin noch weitere zwei Jahre dort geblieben. Als ich aber von meiner eigenen Gefährdung erfuhr - ich arbeitete damals im »Nationalen Bund der Frau«, der offiziell 1981 verboten wurde, und leistete humanitäre Hilfe für Frauen, die ich durch meine Organisation kannte - flüchtete ich durch die Gebirge in Kurdistan in die Türkei und schließlich nach Berlin.

Zwei Jahre später kam meine Tochter ebenfalls nach Berlin und ein Jahr danach lebten wir dank IAF und einer engagierten Anwältin nach sehr abenteuerlichen Stationen wieder zusammen. Damit war unsere dreizehnjährige Trennung beendet. Wir leben nun seit fünf Jahren zusammen.

* * *

Trotz massiver Beschuldigungen, habe ich das Buch voll sanftem Mitgefühl zu lesen begonnen. Ich hatte ja ein gewisses Verständnis für eine wütende Frau, auch wenn ich selbst mit meiner Wut und

Traurigkeit anders umgegangen bin. Mein Verständnis und meine Geduld aber nahmen von Seite zu Seite ab und haben sich dann da und dort in ein zorniges »Ah!« und »Oh!« und »Unverschämtheit!« umgewandelt. Sogar mitten in der Nacht habe ich bei einigen Stellen laut geflucht ... Lügen ... Unverschämtheiten ... Arroganz ... Unwissenheit und Beschränktheit.

Ich war weniger ihr oder dem Co-Autor, William Hoffer, zornig. Mein Zorn galt am meisten den Lesern, die das Buch annahmen und zum Bestseller machten. Ich wunderte mich, in was für einer Welt wir leben. Der Vergleich mag nicht sehr zutreffend sein, aber ich wundere mich nicht oder bin nicht sehr zornig, wenn ich weiß, daß jemand wie Hitler behauptet, alle Juden und Behinderte und nicht reinrassige Arier gehören in die Gaskammer oder zu Sklaven gemacht. Es gibt wohl noch mehr Verrückte auf dieser Welt, die solche Wahnvorstellungen haben. Sie gehören in eine Nervenheilanstalt, sie sind überhaupt nicht gefährlich, solange sie von gesunden Menschen behandelt und nicht von Massen getragen werden. Sie werden aber gefährlich, wenn eine Masse durch Presse, Medien, Politiker und Geldgeber soweit gebracht wird, daß sie solchen schwachsinnigen Behauptungen offene Ohren und sogar Begeisterung entgegenbringen.

Menschen, die die Massen beeinflussen wollen, können keinen Erfolg haben, wenn sie nicht ihre Finger auf eine offene Wunde legen. Die offene Wunde war bei den Nationalsozialisten Arbeitslosigkeit und soziale Ungerechtigkeiten, bei Frau Mahmoody die Frauenunterdrückung.

Es gibt Tausende von Frauen, die ähnliche Schicksale wie das von Frau Mahmoody erfahren haben und vor einer solchen Frau, die soviel Schlimmes durchmachen mußte, Respekt empfinden. Dadurch kann ich mir erklären, warum Frau Mahmoodys Buch in vielen Ländern zum Bestseller wurde und mehrere Millionen Auflage erreichte.

Ich habe mich gefragt, warum alle Menschen, die es eigentlich besser wissen müßten, so still sind. Warum sagt keiner was und warum äußern sich die, die sich bereit gefunden haben etwas zu sagen oder schreiben, so zurückhaltend und defensiv.

Ich habe einige Antworten auf meine Fragen gefunden. Die NichtiranerInnen - wenn sie die Lebensverhältnisse im Iran nicht kennen -, können gar nicht wissen, was richtig und was gelogen ist. Sie kennen die Verhältnisse nicht. Die Gesetze, Kultur und Gewohnheiten der Iraner sind ihnen fremd. Sie glauben, was sie lesen, besonders wenn das Geschriebene von einer Frau stammt, die alles, was Frauen in Jahrhunderten an Unterdrückung erfahren haben, in ihrem zweijährigen Leben im Iran in aller Schärfe erfahren hat. Sie haben Respekt vor ihr und auch vor soviel LeserInnen, nach dem Motto: eine/r kann sich irren, aber zwei Millionen nicht. Die Männer scheiden als Kritiker aus, weil sie nicht als Männer dastehen wollen, die das alles nicht verstehen und nicht nachempfinden können oder nicht an der Seite der iranischen Männer, an der Moodys-Seite, stehen wollen. Wenn sie sich trotz allem äußern, erfahren sie keine Aufmerksamkeit, weil sie vor beeindruckten LeserInnen »unglaubwürdig« erscheinen.

Das waren Gründe die mich veranlaßt haben etwas zu sagen. Mangel an Sachkompetenz kann man mir nicht vorwerfen, Parteilichkeit für Männer - einer Frau, die seit 15 Jahren organisierte Frauenarbeit macht - auch nicht. Aber Nationalismus vielleicht. Ich liebe mein Land, Teheran, die Stadt, in der ich geboren und großgeworden bin und in der meine Liebsten leben oder für Freiheit und Gerechtigkeit gestorben sind. Ich liebe die persische Sprache, in der ich mich ohne Anstrengung fließend ausdrücken kann und wenn ich etwas schreibe, nicht das Geschriebene Korrektur lesen lassen muß.

Zu mehr reicht aber meine Liebe nicht. Ich hasse alle die IranerInnen, die verantwortlich sind für die Hinrichtungen, Folterungen, Unsicherheit und Elend, die in meinem Land herrschen, und vor allem für die Entrechtung der Frauen.

Verzerrte Wirklichkeiten

Frau Mahmoody ist allem Anschein nach eine Durchschnittsamerikanerin, die über keine besonderen Informationen verfügt, die nicht amerikanische Kultur und amerikanische Geschichte und Religion betreffen. Alles, was sie über Iran und seine Religion und Kultur schreibt, beruht auf dem, was sie dort gehört oder gesehen hat. Ich möchte hier einige wenige Beispiele anführen, wie sie das Gehörte falsch registrierte und es falsch wiedergegeben hat. Es handelt sich um Kleinigkeiten, die mit ihrer erlebten Hauptgeschichte nichts zu tun haben, deren Richtigstellung weder die Geschichte beeinflußt noch verändert.

Ich erwähne sie hier trotzdem, weil dadurch die im Buch von Frau Mahmoody geschilderten Erlebnisse und Wahrnehmungen ebenfalls fragwürdig erscheinen. Ich möchte natürlich nicht alles, was Frau Mahmoody beschrieben hat, als Hirngespinst bezeichnen. Ich habe keine Zweifel daran, daß vieles, was sie beschreibt, auf Tatsachen beruht. Das Gefährliche daran sind aber die verzerrten, übertriebenen und manchmal unwahren Behauptungen, die sie als Waffe benutzt, um eine Kollektivrache an allen Iranern, allen Moslems, an allen, die dem amerikanischen oder westlichen Kulturkreis nicht angehören, zu nehmen.

Ich habe zwar meine Kenntnisse über die iranischen Kulturen und Gewohnheiten und mußte mir beim Lesen öfters sagen: »Das kann aber nicht so sein!«. Trotzdem kann ich nicht leichtfertig Erlebnisse, die sie beschreibt, mit Sicherheit in Frage stellen. Daher fällt es mir leichter, mit einem allgemeinen Teil zu beginnen, mit den falschen Darstellungen und auf den Kopf gestellten »Informationen« über die einfachsten Tatsachen, zu deren Richtigstellung jede/r IranerIn ohne besondere Bildung und Vorkenntnisse in der Lage ist und die jeder Orientalist, Islamwissenschaftler und Irankenner bestätigen kann.

Allgemeines

Auf Seite 89 schreibt Betty Mahmoody in ihrem Buch »Nicht ohne meine Tochter«: »Schon bald folgte ein anderer Geburtstag, und der verstärkte meine Depression noch. Es war der von Imam Reza, dem Gründer der schiitischen Sekte. An einem solchen heiligen Tag soll ein guter Schiite das Grab besuchen, aber da er im Feindesland Irak begraben liegt, mußten wir uns mit dem Grab seiner Schwester in Rey ... zufriedengeben.«
Imam Reza ist nicht der Gründer des schiitischen Glaubens und ist nicht im Irak begraben. Er ist der achte Imam der Schiiten und ist in Maschhad, einer Großstadt im Nordosten Irans begraben. Frau Mahmoody behauptet sogar später im Buch, daß sie das Grab in Maschhad besucht hat. Seine Schwester »Massumeh« ist in Ghom und nicht in Rey begraben.

»Ghom war eine Stadt aus hellem rot-braunen Staub. Keine der Straßen war asphaltiert, und die Autos der versammelten Menge wirbelten eine erstickende Staubwolke auf.« (Seite 102)
Ghom ist seit Jahren die religiöse Hauptstadt Irans. Dort befindet sich die bedeutendste islamische Hochschule Irans, die Straßen dort sind wie in jeder anderen Stadt asphaltiert. Es kann natürlich vorkommen, daß da und dort, außerhalb der Stadt ein unbedeutender Landweg, oder innerhalb eines Neubaugebietes eine Straße oder Weg noch nicht asphaltiert ist, aber die Behauptung, daß dort keine einzige Straße asphaltiert ist, ist absurd und unwahr.
Auch wenn ich weiß, daß es in vielen Ländern kaum asphaltierte Straßen gibt, die Menschen sich in überfüllte Autobusse drängen und auf Dächern der Eisenbahnzüge fortbewegen müssen, sich selten ein heißes Bad leisten können und nur mit Baumrinde und Dattelkernmehl sich ernähren können, werde ich sie nicht verachten oder als kulturlos bezeichnen, sondern mich schämen, daß ich alleine in meiner schweren Metallkarre durch die Gegend kutschiere und weiß, daß Rohstoffe und Billigprodukte in Ländern hergestellt werden, in denen Menschen für einen Hungerlohn arbeiten müssen und manchmal ihre eigenen Kinder verkaufen müssen, um den Rest der Familie am Leben halten zu können.

»Der Flug nach Meschad war kurz, und bei unserer Ankunft scheuchte Moody uns alle in ein Taxi zur Fahrt in unser Hotel. Er und Reza hatten Zimmer im besten Hotel der Stadt gebucht. 'Was ist das denn', murmelte er, als wir in unser kaltes, feuchtes Zimmer kamen. Ein riesiges Bett erwartete uns. Ein zerrissenes Stück Stoff, das man über das Fenster geworfen hatte, diente als Sichtblende. Große Risse durchzogen die grauverputzten Wände, die offensichtlich seit Jahrzehnten nicht mehr gestrichen worden waren. Der Teppich war so dreckig, daß wir nicht wagten, ohne Schuhe darüberzulaufen. Und der Geruch von der Toilette war nicht auszuhalten.« (Seite 328)

Maschhad ist eine der großen Städte Irans. Das sich dort befindende Grabmal von Imam Reza ist das bedeutendste Pilgerfahrtziel der Schiiten innerhalb der iranischen Grenzen. Deshalb existiert dort seit Jahrhunderten eine auf Besucher eingestellte und vorbereitete Infrastruktur. Die erste iranische Schnellbahn mit ca. 200 km/h Spitzengeschwindigkeit ist zwischen Teheran und Maschhad eingesetzt. In Maschhad sind vor allem während der letzten zehn Jahre vor dem Schahsturz im Februar 1979 zahlreiche Luxushotels, wie Hilton und Hayt gebaut worden, die als Residenz für die oberen Zehntausend Irans während ihrer Pilgerfahrt dienten. Diese Hotels existieren noch, wenn auch mit anderem Personal und mit Bildern von Khomeini in ihrer Eingangshalle.

Ich habe während meines fünfjährigen Aufenthaltes im Iran öfters Maschhad besucht und dort in den Hotels gewohnt. Maschhad war für mich auch eine Art Pilgerort, weil meine Tochter in dieser Stadt lebte. Weil ich dort sonst niemanden hatte, mußte ich während meiner zahlreichen Besuche in Hotels ziehen. Ich hatte wenig Geld, daher nahm ich eines der billigsten Hotels der unteren Mittelklasse, in denen noch eine alleinreisende Frau ohne größere Probleme unterkommen konnte. Sie waren aber trotzdem, wenn auch nicht pingelig, sauber und akzeptabel. Es gab dort kein zerrissenes Laken - das hätte mich auch nicht gestört -, oder verdreckte Teppichböden.

»Fahrer eines orangefarbenen Taxis konnte jeder sein, der zufällig ein Auto besaß und sich ein paar Rials dazuverdienen wollte, indem er ungefähr ein Dutzend Passagiere hineinquetschte und die Hauptstraße entlangschaukelte.« (Seite 119)

Es gibt tatsächlich die orangefarbenen Taxis im Iran, die die Funktion eines kleinen Busses erfüllen. Sie sind so groß wie ein normaler Pkw, in der Regel können bis zu zwei Fahrgäste vorne und drei hinten sitzen. Mehr passen auch nicht hinein. In seltenen Fällen, in der Nacht, oder wenn man Stunden auf ein Taxi wartet und keines kommt, kann es passieren, daß eine Familie mit mehr als drei Personen sich im hinteren Teil zusammenquetscht, aber das bleibt die große Ausnahme. Zwischen fünf und ein Dutzend Personen bleiben doch eine Differenz von sieben und da kann ich nicht mehr von einer Übertreibung, sondern von einer Unwahrheit, vom Versuch einer kollektiven Diffamierung sprechen.

Auch wenn sich ein Dutzend Menschen in ein Auto oder Taxi quetschen, würde ich das nicht als ein Zeichen der Kulturlosigkeit, sondern als Mangel an Versorgung und krankhafter Wirtschaftsentwicklung in Ländern des Südens betrachten: Länder, deren Rohstoffe mit Hilfe der Hochtechnologie ausgebeutet werden, in denen Menschen immer weiter entfernt von ihren Wohnungen arbeiten müssen, sehr viele Konsumgüter aus westlichen Ländern eingeführt werden, fast jeder Haushalt in der Stadt über einen importierten oder im Land nicht produzierten, sondern nur montierten Kühlschrank und Fernsehapparat verfügt, aber in denen kein Geld für die Infrastruktur da ist, weil dies nämlich keine Gewinne bringt.

Frau Mahmoody schreibt, daß ein »Turbanmann« im Iran eine »hohe Respektsperson« sei (Seite 33).

Turbanmänner, wie die Mullahs von Frau Mahmoody bezeichnet werden, sind im Iran keine Respektspersonen. Es kann sein, daß bei der Familie Mahmoody dies der Fall war. Im allgemeinen aber sind Mullahs verpönt.

Es gibt geistliche und religiöse Führer, die bei der muslimischen Bevölkerung Respekt genießen und anerkannt sind. Auch ihre Schüler, die in den islamischen Bildungsstätten »Hose Elmieh« ausgebildet werden, genießen Ansehen, zumindest sind sie nicht verpönt.

In diesen Schulen werden die Schüler in arabischer Sprache und später in den Grundsätzen und Regeln der islamischen Religion unterrrichtet. Die Schüler dürfen während der Ausbildung auch Seminare anbieten.

Die Kosten der Schule sowie der Lebensunterhalt der Schüler werden durch »Khoms« gedeckt, eine Art Kirchensteuer, deren Zahlung zwar eine religiöse Pflicht ist, der Gläubige jedoch letztenendes alleine entscheiden kann, ob und wem er sie auszahlt. Auch das Einkommen aus den »Oghaf«, den religiösen Besitztümern, wird zur Finanzierung der Schulen verwendet. Die Schüler können dort den Rang »Edjtehad« erlangen. Sie werden damit berechtigt, das islamische Recht und die Grundsätze selbständig auszulegen und zu interpretieren.

Die Mehrheit der Turbanträger, mehr als 90%, sind aber Menschen ohne eine besondere Bildung, die nur begrenzt die arabische Sprache in Wort und Schrift beherrschen müssen. Die Bevölkerung hat am meisten mit dieser Sorte von Turbanträgern zu tun. Sie wohnen mit ihrer Frau bzw. ihren Frauen in der Nachbarschaft und sind nicht wie die Gelehrten durch Begleiter, Anhänger und Bedienstete vom Volk getrennt.

Sie werden nach in Erfüllung gegangener Gelübde, wenn z.b. ein hoffnungslos Kranker gesund wird, eine gewünschte Heirat zustande kommt oder eine Frau, die sehnsüchtig auf ein Kind hofft, endlich schwanger wird, ins Haus geholt.

Je nachdem, was man bei dem Gelübde mit sich selbst vereinbart hat, holt man den Turbanträger einmal in der Woche, in der Regel am Donnerstagabend, oder an dem ersten oder letzten Donnerstagabend im Monat ins Haus. Dort trägt er ein »Rose« vor, d.h. er erzählt über den Märtyrertod eines schiitischen Imams oder einer seiner Verwandten. Dabei schildert er die Einzelheiten einer Schlacht, die meist gegen Ungläubige geführt wurde. Er trägt einige Koranverse vor und sagt Gebete, meist in singendem, melodischem Rhythmus. Manchmal erzählen sie auch ein paar »Hadis« - Überlieferungen der Heiligen - oder verbreiten einige Weisheiten und Regeln, die Gläubige zu beachten haben. Sie sagen, daß Frauen ihre Fingernägel nicht wachsen lassen und sich mit fremden Männern nicht unterhalten sollen oder welche religiösen Pflichten Kinder oder Halbwüchsige erfüllen müssen.

An der Tür, kurz bevor sie weggehen, kassieren sie ihr bescheidenes Honorar.

»Rose« wird auch im Sterbefall, am dritten, siebten und vierzigsten Todestag vorgetragen.

Noch ärmere und weniger gebildete Turbanträger, die nur wenige Suren auswendig sagen können, laufen in den Friedhöfen umher, fragen jeden, der dort ein Grabmal besuchen will, hartnäckig, ob sie eine Sure aus dem Koran oder ein Gebet vortragen dürfen. Nach einigen eilig gesprochenen Versen bekommen sie einige kleine Scheine oder auch nur Silbermünzen, die man unabgezählt, wie ein

Trinkgeld oder um einen Bettler loszuwerden, ihm in die Hand steckt.

Die Turbanträger gehen auch zu Grabstätten von Heiligen und fragen Pilger, die noch weniger lesen und schreiben können, ob sie ein Gebet für die Wallfahrt, das »Ziaratname«, für sie lesen sollen, oder flüstern den weiblichen Besucherinnen leise zu, ob sie eine »Sieghe« - Zeitehe - schließen möchten. Sie tun dies auch mal für sich, aber meistens tun sie es als Vermittler, weil sie etwas Geld verdienen wollen. Sie sind als Mullah berechtigt, die vorgeschriebenen Sprüche für die Eheschließung zu sprechen. Dazu brauchen sie keine besondere Erlaubnis oder Berechtigung. Es reicht aus, wenn eine unverheiratete willige Frau und ein Mann, der diese Frau besitzen möchte, da sind. Es muß nur noch eine Zeit, zwei Stunden, zehn Tage oder drei Jahre, vereinbart werden und eine feste Geldsumme, die der Mann der Frau geben muß. Wenn das alles vereinbart ist, braucht der Mullah nur einige Sprüche zu sagen und die Zeitehe ist vollkommen.

Solche Mullahs gibt es überall, fast in jedem Dorf. Sie sind dafür bekannt, viele Frauen zu heiraten, geldgierig zu sein und anständige Menschen zu bestehlen. Sie gelten als »Moft Khor«, jemand, der anderen auf der Tasche liegt. Es gibt viele Sprichwörter und Ausdrücke in persischer Sprache, die dies bestätigen. Der viel verwendete Ausdruck »Mollah Khor« heißt wortwörtlich »vom Mullah gefressen« und bedeutet in der Umgangssprache »verschwinden« oder »einkassiert werden«.

Dieser Ausdruck ist sogar in dem allgemein anerkannten von H. Junker und B. Alavi herausgegebenen Persisch-Deutschen Wörterbuch enthalten.

Es gibt eine bekannte Anekdote: Ein Mullah, der nicht schwimmen kann, geht ins Meer, um zu baden. Eine Welle treibt ihn weg. Ein Schwimmer kommt, um ihn zu retten, und sagt: »Gibt mir deine Hand!« Er gibt sie ihm nicht. Ein weiser Mann sagt: »Wenn du ihn retten möchtest, mußt du ihm sagen: »Nimm meine Hand!«, er sagt es und kann den Mullah retten. Mullahs sind nicht bereit, etwas zu geben, sie wollen immer etwas nehmen. Solche Ausdrücke und Sprichwörter gibt es in der persischen Sprachkultur sehr zahlreich.

»Der Familienname hatte eigentlich Hakim gelautet, aber Moody wurde um die Zeit geboren, als der Shah ein Edikt erließ, das islamische Namen wie diesen verbot, so daß Moodys Vater den Familiennamen in Mahmoody änderte, was eher persisch als islamisch ist. Er ist von Mahmud, was soviel wie 'der Gepriesene' bedeutet, abgeleitet.« (Seite 17)

Es gibt keine islamische Namen. Es gibt nur persische und arabische Namen. Die Namen der alten Propheten und heiligen Imame, die auch im Iran benutzt werden, sind arabischer Abstammung. Hakim ist ein arabischer Name und heißt soviel wie Arzt.

Mahmud, der Sohn eines schiitischen Imams und Mahmudy - von Mahmud abstammend - sind ebenfalls arabische Namen. Hakim hat aber keine religiöse Bedeutung.

Schah Reza hat ein Edikt erlassen, nach dem das Tragen von Adels-Titeln verboten wurde. Außerdem durfte niemand den Familiennamen des Schahs 'Pahlavi' tragen. Arabische Namen, auch die, die eine religiöse Bedeutung hatten, wurden nicht verboten.

Zur Situation der Frau

Betty Mahmoody interessierte sich sehr für »eine englischsprachige Übersetzung der iranischen Verfassung.« (Seite 174)

Ein Abschnitt dieser »Verfassung« rief bei ihr »größtes Entsetzen hervor«. Dort werde erklärt, daß im Todesfall des Mannes die Kinder nicht Eigentum seiner Witwe werden, sondern seiner Familie gehörten. Wenn Moody sterben würde, würde Mahtab, die gemeinsame Tochter, nicht zu Frau Mahmoody gehören. Stattdessen würde sie Mündel von Moodys nächstem lebendem Verwandten, von Ameh Bozorg, werden. (Seite 175)

Etwas weiter meint sie, »die Verfassung« wolle möglichst alle kritischen Einzelheiten im Leben eines Individuums vorschreiben, »sogar die privatesten Angelegenheiten der Frauen«. Als Beispiel führt sie an, daß es nach dieser Verfassung ein Verbrechen sei, wenn eine Frau gegen den Willen des Mannes die Empfängnis verhütete. Zum Thema »Geld und Eigentum« würde die Verfassung sagen, daß der Mann alles - auch die Kinder - besitze, die Frau nichts, und zum Thema »Scheidung«, daß die Kinder aus der geschiedenen Ehe beim Vater leben müßten (Seite 174/5).

Die angeführten Stellen zeigen, daß Frau Mahmoody nicht nur das gehörte Wort falsch registrierte und falsch verstand, sondern darüber hinaus nicht in der Lage ist, die Inhalte eines auf englisch verfaßten Textes richtig wiederzugeben.

Was Frau Mahmoody als englischsprachige Übersetzung der iranischen Verfassung bezeichnet, ist sehr wahrscheinlich eine »Tosiholmasael«, aber auf keinen Fall die iranische Verfassung. »Tosiholmasael« ist die Auslegung der islamischen Regeln durch einen »Mardjae Taghlied« - ein hoher schiitischer Gelehrter.

Die iranische Verfassung beinhaltet, wie die meisten Verfassungen der Welt, nur bestimmte allgemeine Grundsätze. Es werden dort nicht, wie Fr. Mahmoody behauptet, Einzelheiten der Geburtenkontrolle geregelt.

Was das Sorgerecht der Kinder betrifft, so ist es im schiitischen Glauben geteilt: Der Vater oder in seiner Abwesenheit seine männlichen Vorfahren oder Brüder haben das Recht auf »Welajat«, d.h., daß sie die wichtigsten Entscheidungen für das Kind treffen können. Aber das Recht auf »Hezanat«, das Recht auf Zusammenleben mit dem Kind, ist der Mutter für Jungen bis zum vollendeten zweiten Lebensjahr, und bei Mädchen bis zum siebten Lebensjahr, vorbehalten. Ich möchte nicht falsch verstanden werden. Ich versuche hier nur richtigzustellen, was Frau Mahmoody falsch dargestellt hat, und möchte nicht die diskriminierenden Bestimmungen, die sich gegen Frauen richten, verharmlosen. Es ist schlimm genug, wenn Frauen nicht die gleichen Rechte haben wie Männer, und wenn Männer und nicht unabhängige Gerichte entscheiden können, wo das Kind im Falle der Trennung leben darf.

In der angeblichen »iranischen Verfassung« steht nach Ansicht Frau Mahmoodys über Eigentumsverhältnisse und Geld: Männer besitzen alles, die Frauen nichts! Richtig ist, daß nach islamischen Regeln die Frauen immer die Hälfte erben und besitzen können von dem, was ein Mann erbt. Im Falle von Eheleuten erbt der Ehemann 1/4 des Vermögens seiner verstorbenen Frau, die Frau 1/8 vom Ehemann. Diese Regelung wird damit begründet, daß die Männer gegenüber ihren Frauen und Kindern unterhaltspflichtig sind, aber die Frauen nicht.

Nach islamischem Recht können Frauen frei über ihr verdientes oder geerbtes Vermögen verfügen. Die Ehemänner sind verpflichtet, unabhängig von der finanziellen Lage der Ehefrau für ihren Lebensunterhalt sowie für den Unterhalt ihrer gemeinsamen Kinder zu sorgen. Bei der Eheschließung wird zwischen den Ehepartnern eine Geldsumme, »Mehrieh«, vereinbart, die der Ehemann spätestens bis zur Ehescheidung, auf Verlangen der Frau auch früher, ihr zur Verfügung stellen muß. Diese Summe hängt vom Stand der Familie und ihrer Vermögensverhältnisse sowie dem Geschick der Verhandlungsführung vor der Eheschließung ab. Es sind meistens utopische Summen, in der Regel soviel, wie der Mann innerhalb von 5 bis 15 Jahren verdient. Das Geld dient als finanzielle Stütze der Frau im Falle einer Scheidung. Nach islamischem Recht hat der Ehemann nach der Scheidung keine Unterhaltspflicht mehr gegenüber der Ehefrau.

Die »Mehrieh«-Regelung hat aber keine praktische Bedeutung. Die wenigsten Ehefrauen erhalten nach der Scheidung die abgesprochene Summe, weil, wenn sie tatsächlich die Scheidung haben wollen, sagen, »Ich verzichte auf 'Mehrieh' und möchte frei sein«. Der Mann ist der einzige, der über die Scheidung entscheiden kann.

Auf Seite 45 meint Frau Mahmoody, daß einige iranische Frauen bei der Heirat den Familiennamen ihres Mannes annehmen.

Im Iran behalten alle Frauen nach der Heirat ihren eigenen Familiennamen. Eine Namensänderung durch Heirat ist nicht vorgesehen und nicht möglich.

Weiter meint Frau Mahmoody, sie habe nie verstanden, wie ihr Mann es geschafft habe, »die kleinen rosa Pillen« namens »Nordette« ausgerechnet in eine islamische Republik zu schmuggeln, »wo Geburtenkontrolle rechtswidrig war« (Seite 334).

Die Einführung der Anti-Baby-Pille in den Iran ist nicht verboten. Jeder Frauenarzt verschreibt die Pille nach Wunsch, sie kann ohne Probleme gekauft werden - sofern man überhaupt Medikamente in Apotheken vorfindet, weil sie Mangelware sind und zum Teil auf dem Schwarzmarkt zu überhöhten Preisen angeboten werden. Das ist auch möglich, wenn die Männer nicht mit zum Arzt oder zur Apotheke gehen.

Es gab sogar in letzter Zeit häufiger im städtischen Fernsehen Sendungen unter Beteiligung von Ärzten, in denen auf die Notwendigkeit der Geburtenkontrolle eindringlich hingewiesen und die Bevölkerung aufgerufen wurde, Familienplanung zu betreiben.

Die Behauptung Frau Mahmoodys, sie hätte Angst gehabt, daß ihre Spirale entdeckt würde und daß sie deshalb hingerichtet werden könnte, zeigt noch einmal, daß sie ihre Informationen von Menschen hatte, die ihr bewußt Angst einjagten und sie quälen wollten.

Aber sie hat in den »freien« USA auch nicht die Richtigkeit dieser Informationen überprüft und ihre Falschinformationen und Vorurteile millionenfach unter der Marke »Sachbuch« in der Welt verbreitet.

Oder hat sie es doch besser gewußt und ihrer Story dadurch ein wenig mehr Spannung verleihen wollen?

»Für mich bedeutete das, die Herausforderung anzunehmen und als Fremde in einer Stadt von vierzehn Millionen, zuweilen feindseligen und immer unberechenbaren Menschen das Alltagsleben zu meistern. Ich kannte keine andere Frau, weder iranisch, noch amerikanisch, noch sonst eine, die die Risiken ganz normaler Besorgungen innerhalb Teherans ohne eine Begleitung eines Mannes oder zumindest einer anderen erwachsenen Frau auf sich nahm.« (Seite 356)

Diese Aussage ist eine der erstaunlichsten aller Unwahrheiten, die in dem Buch zu finden sind. Frau Mahmoody bewegte sich, nach ihren eigenen Angaben, öfters in Teheraner Straßen und hat mit oder ohne Begleitung Besorgungen erledigt. Da mußte sie täglich auf der Straße Hunderten dieser Frauen begegnen sein.

Im Iran herrscht Lebensmittelknappheit, die auf den Krieg, Fehlplanung des islamischen Staates, auf die zentralistische Wirtschaftsplanung und auf Korruption zurückzuführen ist. Deshalb sind die wichtigsten Lebensmittel rationiert. Ohne diese Maßnahmen wären die Mehrheit der Bevölkerung mit mittleren und niedrigem Einkommen nicht in der Lage, die notwendigsten Lebensmittel zu besorgen. Rationiert sind die wichtigen Grundnahrungsmittel und Hygieneartikel, wie Reis, Fleisch, Eier, Zucker, Seife und Waschpulver. Jede Familie bekommt pro Monat bestimmte Mengen von Lebensmittelmarken. Damit kann man diese Artikel zu staatlich festgesetzten Preisen kaufen.

Einkaufen mit Lebensmittelmarken ist eine Fronarbeit. Man muß stundenlang in Lebensmittelschlangen stehen und damit rechnen, daß das Warten vergeblich sein kann.

Die meisten Frauen in Großstädten sind nicht berufstätig. Sie sind das einzige Familienmitglied, das es sich leisten kann, durch Einteilung der Hausarbeit, stundenlang in diesen Lebensmittelschlangen zu stehen.

Auch vor der Lebensmittelrationierung waren tägliche Besorgungen eine traditionelle Frauenaufgabe in den Städten. Außerdem gibt es zahlreiche Frauen, die alleine leben müssen, weil ihre Männer hingerichtet, gestorben oder im Krieg gefallen sind. Wer erledigt die täglichen Besorgungen dieser Frauen? Die Familien aus der oberen Schicht, oder auch gelegentlich aus der Mittelschicht, haben ein Dienstmädchen, das ihre Besorgungen erledigt. Die Dienstmädchen sind ebenfalls Frauen!

Um nur ein Beispiel von Millionen zu erwähnen: Meine Mutter lebt seit dem Tod meines Vaters, seit 35 Jahren alleine. Sie macht nicht nur die täglichen Besorgungen alleine, sondern alle möglichen Behördengänge und was sonst im Leben anfällt.

Sauberkeit auf »amerikanisch«

Frau Mahmoody schreibt, daß jeder Iraner »einmal im Jahr« ein Bad nimmt, und zwar aus Anlaß von Nawruz, dem persischen Neujahrsfest, ein zwei Wochen lang dauerndes Fest, zu dem Frauen auch ihre Häuser putzen. (Seite 213) Über Moodys Neffe weiß sie, daß für ihn Duschen »ein seltenes Ereignis in seinem Leben« war und eine »unangenehme Belästigung« (Seite 451). An anderer Stelle soll Moody über seine Mutter gesagt haben: »Wir sind nun schon acht Wochen hier, und sie nimmt jetzt zum ersten Mal wieder ein Bad.« (Seite 118)

Das dargestellte Hygieneverhalten der Iraner ist eine glatte Lüge. Inzwischen existieren in fast allen entlegenen Dörfern öffentliche Badeanstalten mit Duschen. Wenn ein Dorf nicht über ein Bad verfügt, dann können die Dorfbewohner in das nächste Dorf zur Badeanstalt fahren. In Großstädten haben fast alle Häuser, die in den letzten zwanzig Jahren gebaut worden sind und von der Mittelschicht bewohnt werden, ein eigenes Badezimmer. Darüber hinaus haben sogar sehr viele winzige Reihenhäuser, die von Firmen für ihre eigenen Arbeiter gebaut werden, auch eine kleine Duschzelle.

Die religiösen Regeln schreiben vor, daß jeder Muslim fünfmal am Tag betet. Vor dem Beten muß man ein bestimmtes Waschritual durchführen. Die Hände werden bis zum Ellbogen unter fließendes Wasser oder in einem Wasserbecken, das eine vorgeschriebene Größe von mehreren Quadratmetern hat, gewaschen. Anschließend muß man sich das Gesicht, den Mittelscheitel bis zum Hinterkopf und schließlich die Füße waschen. Erst dann darf man anfangen zu beten.

Nach jedem Beischlaf müssen die Paare sich ebenfalls einem bestimmten Waschritual unterziehen. Sonst gelten sie als unrein. Dieses Waschritual wird auch von Frauen verlangt, wenn sie ihre Periode hinter sich haben. Nach der Bestimmung des Rituals muß man den ganzen Körper dreimal in eine bestimmte Menge Wasser tauchen oder unter fließendem Wasser waschen. Erst dann gilt man als rein.

Auch viele Menschen, die nicht sehr religiös sind und nicht täglich beten, führen die zuletzt beschriebenen Waschrituale immer durch, weil sie es inzwischen verinnerlicht haben.

Wenn die Rituale nicht notwendig sind, z.B. bei älteren Männern und Frauen ohne Ehepartner, die kein Badezimmer zuhause haben, abgesehen von einigen Malen, wenn sie sich zuhause z.b. im Sommer mit kaltem Wasser in einer großen Schüssel oder »Hoz« (Wasserbecken), das fast in jedem traditionellen Haus steht, waschen, gehen die Menschen einmal in der Woche zur Badeanstalt. Dort lassen sie sich von einer/em Waschfrau/mann mit einem rauhen Waschlappen »enthäuten«. Anschließend waschen sie sich mit Seife und einem weichen Lappen. Ärmere Frauen und Männer waschen sich selbst oder lassen sich die Rücken von einem Freund oder einer Freundin waschen.

Bei ärmeren Menschen, die nicht genügend Geld haben, kommt es vor, daß sie einmal in zwei Wochen zu der öffentlichen Badeanstalt gehen bzw. das Wasser zuhause warm machen und sich dort notdürftig waschen. Bei sehr armen Menschen, die am Rande der Städte in Slums wohnen, kann es sich länger hinziehen, bis sie ein warmes Bad nehmen können. Das ist auch in Slums und Ghettos in anderen Ländern, sogar in den reichen, aber sozial ungerechten USA, nicht anders.

Aber reiche und gebildete Familien, wie Frau Mahmoody die Familie Mahmoody beschreibt, sind an ganz andere hygienische Verhältnisse gewöhnt.

Wenn sie ein Badezimmer im »schmutzigen« Haus der alten Amme Bozorg, vorfindet, wie kann dann Duschen für Moodys jungen Neffen eine neue Erfahrung sein?

»Abends beim Essen rührte ich verstohlen im Reis und sammelte mehrere schwarze Käfer in einer Portion, die ich auf Moodys Teller häufte. Es ist unhöflich, etwas auf dem Teller zu lassen. Und da es ihm unmöglich war, taktlos zu sein, aß Moody die Käfer.« (Seite 38)

Das ist ein sehr auffallender und sehr oft zitierter Absatz ihres Buches. Das erste, wonach uns fast jeder Deutsche fragt: »Eßt ihr Reis mit Käfern? Wie schmeckt denn das?« »Iraner!? Ach ja, die, die Reis mit Käfern fressen!«

Es ist natürlich nicht auszuschließen, daß mal ein Käfer oder ein anderes Kleintier, von der Decke oder sonstwie in einen Essenstopf fällt. Das kommt genauso oft vor wie ein Besoffener, der im U-Bahn-Abteil aufsteht und in die Ecke uriniert. Der Beschreibung mehrerer Käfer in einer Portion Reis glaube ich so viel oder so wenig, als wenn man mir erzählt, daß anstatt des Besoffenen der bundesrepublikanische Staatspräsident dies im Restaurant in den Suppenteller des Nachbartischs tut. Und wenn erzählt wird, daß der Arzt Moody die Käfer auch noch ißt, klingt das so, als wenn der Mensch vom Nachbartisch die Suppe auch noch aus Höflichkeit zu Ende ißt. Dies gilt ebenfalls für das nächste Zitat.

»Als wir an das Gitter traten, sah ich nach unten und erblickte eine riesige, häßliche Ratte, so groß wie eine kleine Katze, die sich auf Mahtabs weiße Lackschuhe gesetzt hatte. Ich riß meinen Arm schnell zurück und zog die überraschte Mahtab wieder auf die Straße zurück. Die Ratte huschte weg... Ich flüsterte Moody die Wahrheit zu, aber er schien nicht besorgt zu sein. Ratten gehören in Teheran zum Leben.« (Seite 200)

Ich habe 25 Jahre im Iran gelebt und habe nur einmal dort eine Maus gesehen. Ich gehörte, wie Mahmoody, zur Mittelschicht. Ich will damit nicht sagen, daß in Teheran keine Ratten und Mäuse leben. Sie bewegen sich aber nur im Dunkeln, man kann sie vielleicht hören oder auf ihr Dasein schließen, wenn man angekaute Lebensmittel findet, aber lebendige Ratten sieht man nicht am hellen Tage über die Straße laufen. Ratten sind nicht nur lichtscheu sondern auch menschenscheu und das nicht nur in Amerika.

Einmal schreibt Frau Mahmoody, daß ihre Tochter »zum Zeitvertreib« die Mückenstiche in ihrem Gesicht gezählt habe. »Es waren dreiundzwanzig.« (Seite 38)

Ich kann mir sehr schwer vorstellen, daß 23 Mückenstiche im Gesicht von einem vierjährigen Kind nebeneinander existieren können. Und wenn das der Fall sein sollte, wird sie sich mit ihren Stichen beschäftigen, und nicht aus Langeweile sie zählen, falls ein vierjähriges Kind überhaupt bis dreiundzwanzig zählen kann.

An einer anderen Stellen beschreibt Frau Mahmoody die hygienischen Verhältnisse in einer Backstube. Als der Bäcker zur Toilette ging, habe es von dort gestunken, daß es Frau Mahmoody ganz schwindelig wurde. Zu ihrem Ekel habe der Bäcker seine Hände anschließend in dem Wasser gewaschen, das er für den nächsten Teigschub brauchte (Seite 207). Schließlich beschreibt sie die Toilette einer Schule in Nord-Teheran, der einzigen für 500 Schülerinnen: »Sie bestand aus einer winzigen Kabine mit einem hohen Fenster, durch das Wind, Regen, Schnee, Fliegen und Moskitos eindringen konnten. Der Abort selbst war nur ein Loch im Fußboden, das anscheinend nur zufällig hin und wieder getroffen wurde.« (Seite 144) Die erste Beschreibung ist genauso absurd wie die zweite. Fragen sich die begeisterten Leser nicht, wie 500 Kinder in den Pausen mit einer einzigen Toilette klarkommen können? Es mag erhebliche Unterschiede zwischen amerikanischen und iranischen Kindern geben, dazu gehört aber nicht, daß die iranischen Kinder weniger Bedürfnisse haben, die Toilette aufzusuchen. Die Schule liegt in Nord-Teheran, wo Frau Mahmoodys Familie und andere wohlhabende Familien leben. Es ist nicht glaubwürdig, daß eine Grundschule mit 500 Schülern nur eine Toilette zur Verfügung hat. Die Lehrer und die privilegierten Eltern Nord-Teherans können doch nicht zulassen, daß vier der fünf Kinder in die Hose machen.

Die »minderwertige« Kultur

»Die Iraner saßen im Schneidersitz auf dem Boden oder hockten auf einem Knie und stürzten sich auf das Mahl wie eine Herde wilder Tiere in verzweifelter Gier auf ihr Fressen. Das einzige an Besteck, das zur Verfügung stand, waren große Löffel, ähnlich wie Schöpfkellen... Innerhalb von Sekunden war überall Essen. Es wurde wahllos in die plappernden Münder geschaufelt, kleine Stückchen wurden überall auf die Sofres und Teppiche gespuckt oder tropften wieder in die Servierschüsseln zurück.« (Seite 23)

Es sind für Frau Mahmoody nicht bestimmte Personen, Moodys Verwandte, die um ein »Sofre« saßen und wie wilde Tiere ihr Essen fraßen, sondern es sind »Iraner«, die dies tun. Dahinter sehe ich eine Diffamierung und Haßsucht oder Rassismus, der sich gegen Nicht-»Zivilisierte« und Nichtamerikaner richtet und in ihrem »Sachbuch« immer wieder dargestellt wird und Ausdruck findet. Abgesehen davon, daß gemessen an ihren sonstigen Behauptungen über die Familie, die oben zitierte Beschreibung übertrieben bis unmöglich erscheint.

Auf Seite 24/25 beschreibt sie die Kinder, wie sie sich zanken, sich gegenseitig mit Essensresten bewerfen, über die Sofres rennen und dabei mit ihren schmutzigen nackten Füßen manchmal in den Schüsseln landen. Ihr fällt dabei auf, daß einige Kinder Geburtsfehler hatten oder an unterschiedlichen Mißbildungen litten, und fragte sich, ob das die Folgen von Inzucht seien. Ihr Mann hätte ihr zur Auskunft gegeben, daß Inzucht im Iran keine gesundheitsschädlichen Auswirkungen habe. Sie beschreibt einen mißgebildeten jungen Mann und folgert: »Ich fragte mich, ob er vielleicht einer der vielen genetischen Abweichungen war, die ich in Moodys Familie gesehen hatte, wo viele untereinander heiraten.« (Seite 26)

Diesmal richtet sich ihr Abscheu gegen behinderte, »mißgebildete« Menschen, die Produkte einer »iranischen Art« zu heiraten sind. Wenn auch eine Heirat innerhalb der Verwandtschaft für die geborenen Kinder nicht vorteilhaft ist, können Mißbildungen, nach bisherigen Erkenntnissen der Medizin nicht darauf zurückgeführt werden. Vor allem nicht Kinder, die mit verdrehten Füßen zur Welt kommen oder eine unterdurchschnittliche Größe haben.

Es gibt im Iran nicht mehr und auch nicht weniger Kinder, die behindert zur Welt kommen, als in anderen Regionen. Der einzige Unterschied zu »zivilisierten« Gesellschaften liegt darin, daß in Ländern wie Iran Behinderte zur Familie gehören und nicht in Extraeinrichtungen und Wohnheimen »aufbewahrt« werden. Deshalb sieht man sie wahrscheinlich häufiger als Behinderte in »entwickelteren Ländern«, die in ihren Sonderschulen und Arbeitsstätten und sonstigen Einrichtungen nur unter sich sind und vom Rest der Gesellschaft abgekapselt leben.

Es ist mir aufgefallen, daß Frau Mahmoody von Behinderten mit solch negativem Unterton spricht und solche Begriffe für ihre Bezeichnung benutzt, daß das ihrer sonstigen rassistischen Ansicht sehr entspricht und einen Vergleich mit den nationalsozialistischen Ideen nicht so abwegig erscheinen läßt.

»Wir stocherten in den Salaten herum, denn uns war der Appetit vergangen. Unser Ekel vor dem Essen war leicht zu verbergen, denn allein Moody galt die gesamte Aufmerksamkeit seiner Familie.« (Seite 24)

Nach allgemein herrschender Kultur der mittelständischen Familien werden die Teller von Gästen unaufgefordert, öfters sogar gegen ihren Willen und trotz ihres Widerstandes mit Speisen gefüllt. Besonders stark ist dieser Brauch bei traditionellen Familien, wie bei der Familie Mahmoody, erhalten.

Auch wenn man die Gäste nicht besonders mag oder schätzt, hält man an dieser Gewohnheit fest. Es kommt in keiner Familie vor, erst recht nicht in traditionellen Familien, daß man die Gäste ignoriert und als Gastgeber nicht darauf achtet, daß ihre Teller immer wieder gefüllt sind. Auch wenn Frau Mahmoody aus besonderen Gründen völlig unberücksichtigt bleibt, würde ihre Tochter, die auch die Tochter von Herrn Mahmoody ist, doch normal behandelt.

»Mammal und Nasserine boten uns zuvorkommend ihr Schlafzimmer an, da sie angeblich genauso bequem auf dem Boden eines anderen Zimmers schliefen, wie in ihrem Doppelbett. Sie legten tatsächlich eine völlige Verachtung für Möbel an den Tag.« (Seite 122)

Dies zeigt wieder, daß Frau Mahmoody trotz jahrelangen Zusammenlebens mit ihrem Mann iranische Kulturen und Traditionen fremd geblieben sind. Es gehört zur orientalischen Gastfreundschaft, wenn man dem Gast das Beste, was man hat, anbietet. Die meisten iranischen Mittelschichtsfamilien, besonders die traditionellen, haben ihr bestes, hellstes und größtes Zimmer mit ihren allerbesten Möbelstücken für Gäste vorbehalten. Ihr bestes Geschirr und der Eßtisch wird nur benutzt, wenn Gäste da sind. Die Familie benutzt sie kaum. Wenn Gäste unangemeldet erscheinen, werden die Gastgeber, sogar die Kinder, weniger und langsamer essen, damit der Gast genug zu essen hat und nicht merkt, daß zu wenig Essen da ist. Die besten Obstsorten und Gerichte kommen auf den Tisch, wenn Gäste sich anmelden, solche die man sich normalerweise nicht leisten kann. Es gilt als »höflich«, wenn man dem Gast nicht merken läßt, daß man selbst darunter leidet, oder die besten Stücke vom Essen und Sitz- und Schlafplätze ihm anbietet.

Das alles nennt man »Taarof«, das Frau Mahmoody ebenfalls in anderen Zusammenhängen beschreibt. Es gibt kein Synonym für diesen Begriff, weil es dieses Verhalten in den abendländischen Kulturen gar nicht gibt.

Dies alles ist eine großzügige gastfreundliche Geste und hat mit der »Verachtung« für gute Möbel nichts zu tun.

Frau Mahmoodys Tochter feiert Geburtstag mit anderen Kindern. Die iranischen Kinder spielen ungeniert und ohne zu fragen mit Mahtabs Geschenken, woraufhin Mahtab ihre Puppe umklammert und in Tränen ausbricht. (Seite 89)

Die geschilderten Erwartungen und Verhaltensweisen sind aus unterschiedlicher Kulturzugehörigkeit geboren. Die Kinder, wie die Erwachsenen, fühlen sich einander näher und mehr zugehörig. Die Familien und verwandtschaftlichen oder auch freundschaftlichen Beziehungen sind enger. Dementsprechend geht man auch mit Eigentum von anderen um. Zwar gibt es auch im Iran Streit darüber, welches Kind mit welchem Spielzeug spielt. Aber kein Kind wundert sich darüber, daß der Gast mit »meinem« Spielzeug spielt.

Anders als in den abendländischen Kulturen, in denen man in jedem Augenblick die Eigentumsverhältnisse vor Augen hat, und jedes einzelne Stück, das man vom anderen bekommt, registriert und sich dafür bedankt, z.B. »Danke für Kaffee, danke für Kuchen«, werden im Iran die Eigentumsverhältnisse nicht so abgrenzend betont.

Kein Elternteil übernachtet im Hotel, wenn er/sie ihr Kind in einer anderen Stadt besucht. Man meldet sich nicht unbedingt telefonisch an, wenn man irgend jemanden besucht. Wenn eine Tante oder Onkel älter ist und keine eigenen Kinder hat, lebt sie bei mir, und wenn ich es mir nicht leisten kann, gibt es Angebote von anderen Familienmitgliedern, mich dabei finanziell zu unterstützen, und wenn ich selber mal in Verlegenheit bin, weiß ich, daß jemand, keine bestimmte Person, und nicht unbedingt die, der ich einmal geholfen habe, mir dabei helfen wird.

Auch wenn dies alles nicht immer so problemlos vor sich geht, wie ich es vereinfacht darstelle, existiert eine Nähe, die das Leben einfacher und schöner macht, aber auch zu Konflikten führen kann, wenn andere Kulturen ungewollt darauf prallen.

»Damals verließen wohlhabende Iraner scharenweise ihr Land. Die Regierung des Schahs unterstützte die Ausbildung im Ausland, weil sie hoffte, daß das die Verwestlichung des Landes vorantreiben würde. Diese Strategie schlug aber fehl. Die Iraner weigerten sich hartnäckig, die westliche Kultur zu übernehmen.« (Seite 66)

Diesmal kann man mit bestem Willen nicht mehr von verdecktem Rassismus in ihren Äußerungen sprechen. Hier bringt Frau Mahmoody fortschrittliche Technik und Know-how mit Kultur durcheinander. Sie meint, daß westliche Kultur eindeutig die bessere sei und Iraner - wahrscheinlich, weil sie geistig nicht in der Lage sind, dies zu erkennen - sich hartnäckig weigern, sie zu übernehmen.

Jede Menschengruppe, jede Volksgruppe, die in einem Erdteil sich aufhält, entwickelt ihre eigene, den natürlichen Gegebenheiten und historischen Bedingungen und Entwicklungen entsprechende Kultur.

Die Kultur bestimmt, welche und wie Nahrungsmittel und andere Güter produziert werden, wie man sie verteilt, wie man sich zueinander und gegenüber Fremden verhält, und wie man sich im Konfliktfall streitet. Jeder wird durch die genannten Faktoren seiner Kultur mitbestimmt.

Die Kultur einer Menschengruppe oder eines Volkes ist niemals etwas statisches. Sie kann in einer Momentaufnahme festgehalten und beschrieben werden. Sie befindet sich aber in einem ständigen Veränderungsprozeß. Teile der Kultur, die nicht mehr gebraucht werden oder durch ihre Träger in Frage gestellt und bekämpft werden, sterben aus, andere Teile, aufgrund von Veränderungen innerhalb der Gruppe, einem veränderten Entwicklungsstand oder durch die Berührung mit anderen Kulturen, werden erfunden oder übernommen.

Die Kulturen sind weder gut noch schlecht. Sie sind Produkt der natürlichen und historischen Bedingungen, unter denen Gruppen oder Völker leben. Wenn verschiedene Kulturen sich gleichberechtigt gegenüberstehen, werden sie sich austauschen, bereichern und verändern. Wenn eine Kultur durch Gewalt und politische Herrschaft bevorzugt oder dominiert wird, wie z.B. bei der Unterdrückung der aserbaidschanischen und kurdischen Kultur und Sprache im Iran oder durch die Einführung des lateinischen Alphabets in der Türkei oder bei der Unterdrückung, Benachteiligung und Geringschätzung von Minderheiten in Europa, u.a. von gläubigen Muslimen, führt dies zu gewaltsamen Gegenreaktionen, zu einer Abkapselung der unterdrückten Kulturträger. Dies stört den friedlichen Austausch der Kulturen und ein harmonisches Zusammenleben.

Frau Mahmoody meint, die Iraner neigen dazu, das Leben auf jede nur erdenkliche Art kompliziert zu machen. Als Beweis führt sie an, daß selbst eine so einfache Sache wie das Kaufen von Zucker einen ganzen Tag in Anspruch nehmen kann. (Seite 123)

Wieder sind »die Iraner« nicht in der Lage, das Leben unkompliziert zu gestalten. Nicht die islamische Regierung Irans, die unfähig ist die Probleme zu lösen, nicht der Krieg, dessen Waffen im Westen produziert wurden, nicht die Lebensmittelknappheit und die Rationierung sind daran schuld, daß man einen ganzen Tag braucht um Zucker zu kaufen, nein, »die Iraner« neigen dazu, das Leben kompliziert zu machen.

Diese Naivität und Ahnungslosigkeit erinnert mich an die Geschichte, die man über einen französischen König erzählte. Eines Tages stand er auf und sieht eine Menschenmenge, die vor seinem Palast zusammengekommen ist. Er fragt seine Vertrauten, was die Menschenmenge will. Der Vertraute sagt, »Sie wollen Brot«. Der König fragt erstaunt, »Haben sie denn kein Brot?«. »Nein, mein König!« »Warum machen sie so einen Aufstand, sollen sie doch Kuchen essen.«

Abscheu gegen Armut und Unterentwicklung

Frau Mahmoody beschreibt ausführlich die »Rückständigkeit«, die sie in allem vermutete, was nicht amerikanisch aussah. Sie meinte, ihr Mann würde den Dreck um sich sehen und daher muß ihm doch »klar werden, daß seine berufliche Zukunft in Amerika« läge »und nicht in einem rückständigen Land, das noch die einfachsten Grundregeln von Hygiene und sozialer Gerechtigkeit lernen mußte« (S. 73). Die Häuser seien »ohne viel Gedanken über Genauigkeit« gebaut, Tür- und Fensterrahmen aus Baumstämmen »wie billiges Spielzeug« zusammengefügt. In unglaublichen Verkehrsstaus tummelten sich Menschenmassen, die »ihr schäbiges Leben aufs Spiel setzten (Seite 41). Ebenso schäbig kamen ihr die iranischen Puppen vor, so daß sie glücklich war, endlich eine japanische für ihre Tochter gefunden zu haben (Seite 84).

»Schon bald fiel mir auf, daß Moodys Verwandte erkennbar zwei verschiedenen Kategorien angehörten. Die Hälfte der Sippe lebte wie Ameh Bozorg; dem Schmutz gegenüber gleichgültig, voller Verachtung für westliche Sitten und Ideale klammerten sie sich fanatisch an ihre Auslegung von Ayatollah Khomeinis schiitischen Islam. Die andere Hälfte schien etwas verwestlicht zu sein, offen für Abwechslung, kultivierter und freundlicher und auf alle Fälle hygienebewußter« (Seite 44).

Hier äußert Frau Mahmoody ihren Abscheu nicht nur gegen Iraner und Behinderte, sondern gegen Armut, arme Menschen und gegen nicht in einem Industrieland hergestellte Waren. Alles, was schön, sauber und wohlhabend ist, nennt sie westlich.

Danach zu urteilen, ist sie nicht nur im Iran, sondern in ihrem eigenen Land fremd, da sie keine Ahnung von Slums und Ghettos in den USA hat, in denen Menschen am Rande des Existenzminimums leben.

Für Frau Mahmoody sind Armut, Islam, Schmutz, im Iran hergestelltes Spielzeug und sonstiges Material iranisch, zeugen von Kulturlosigkeit und sind verachtungswürdig. Nach ihrer Ansicht hat Amerika natürlich mit der Armut, Monokultur und der Fehlentwicklung in solchen Ländern nichts zu tun.

Khomeini und seine barbarische Regierung ist wie schwarzer Regen aus heiterem Himmel niedergefallen und ist nicht das logische Produkt von jahrelanger wirtschaftlicher Fehlentwicklung, Verletzung der Menschenrechte und Erniedrigung und Beleidigung, die traditionelle Kräfte unter dem Schah erfahren mußten, deren Religion, Kultur und Tradition unterdrückt und ignoriert wurden. Der Schah, der ständig vom Westen, besonders von der USA unterstützt wurde, hat sich genau wie Frau Mahmoody und viele ihre begeisterten LeserInnen nur für seine goldene Badewanne interessiert, für seine Gärten und die Schönheit seiner Frau.

Frau Mahmoody spricht von islamischen Ländern und islamischem Essen (Seiten 23, 69): »Moody zeigte mir, wie man islamisches Essen kocht.«

Länder, in denen ein beachtlicher Anteil der Bevölkerung islamischen Glaubens ist, reichen von Indien, Philippinen und Indonesien bis zum Sudan, Algerien und den arabischen Ländern. Sie haben ihre eigene Geschichte und Kultur und natürlich auch eigene Eßgewohnheiten. Von islamischen Ländern und islamischem Essen zu sprechen zeugt von Unwissenheit und einer verdeckten Verachtung. Diese Begriffe benutzen diejenigen, die mit einem rassistischen Unterton solche Länder nicht für würdig genug halten, zwischen deren Kulturen und Sprachen zu differenzieren, sondern sie pauschal als »da unten« zu disqualifizieren versuchen.

»Eines Abends versuchte Reza, einen Hauch Amerika in unser Leben zu bringen, und lud uns zum Pizzaessen ein« (Seite 118). »Mahtab und ich stopften uns mit einem Frühstück aus Eiern und Bratkartoffeln, die in Ketchup schwammen, voll. Wir tranken Orangensaft. Ich stürzte amerikanischen Kaffee hinunter« (Seite 532). »Natürlich mußte ich es mit meinem Manto und dem Rusari bedecken, aber ich hoffte, daß das Hotel so amerikanisiert war, daß ich mein Kostüm im Restaurant zeigen konnte« (Seite 200). »Das Elternschlafzimmer und Mahtabs Kinderzimmer lagen auf der zweiten Etage, zusammen mit einem volleingerichteten Badezimmer mit Wanne, Dusche und einem amerikanischen WC« (Seite 351). »Moody, Mahtab und ich folgten ihm die Treppe hinauf, wo wir zu unserer Überraschung ein Wohnzimmer vorfanden, das mit amerikanischen Möbeln angefüllt war« (Seite 45). »Die Zeit verging unendlich langsam. Mahtab und ich vergingen vor Sehnsucht nach

Amerika, nach Normalität« (Seite 49). »Ich gab nicht einen Heller auf iranische Bräuche« (Seite 84).

Wenn Frau Mahmoody von Amerika spricht, meint sie damit die USA, Zivilisation, Bequemlichkeit und Komfort.

Es scheint so, daß Frau Mahmoody sich kaum mit anderen westlichen Ländern und ihren Kulturen und Gewohnheiten auseinandergesetzt hat, weil sie alles, was sie liebt und für begehrenswert hält, für amerikanisch hält, auch wenn es sich um italienische Pizza oder eine Sitz-Toilette handelt. Alles, was sie kennt, ist »normal«, und was sie nicht kennt, keinen Heller wert.

Iraner sind »Duckmäuser«

»Als ich darüber nachdachte, begriff ich schon eher, warum so viele Iraner duckmäuserisch jeder Autorität folgten. Sie schienen alle Schwierigkeiten zu haben, selbst eine Entscheidung zu treffen. Bei dieser Art Erziehung wäre es nur natürlich, sich in die Hierarchie einzufügen, an Untergeordnete strenge Befehle auszuteilen und Übergeordneten blinden Gehorsam zu leisten.« (Seite 150) Diese Aussage hat mich am meisten getroffen. Nicht weil Frau Mahmoody, eine Frau mit mittelmäßigem Bildungsstand und blindem Haß, es behauptet, sondern weil so viele Leser, eigentlich trotz besseren Wissens und Informationen über Widerstand, Folterungen und Hinrichtungen, sich vom Buch beeindrucken ließen und ihr Buch so oft gekauft haben.

* * *

Wenn ich an mein eigenes Schicksal denke, weiß ich, daß ich schon als zehnjähriges Kind Widerstand gegen die Schahregierung und Ungerechtigkeiten in meiner eigenen Familie kennengelernt und erlebt habe. Mein Bruder war ein Offizier und Mitglied in der Tudeh-Partei, die Moskau-orientierte kommunistische Partei Irans. Er wurde deshalb verhaftet. Ich habe ihn zusammen mit unserer Familie zwei Jahre lang im Gefängnis besucht, und dabei habe ich viele andere Gefangene und ihre Familien kennengelernt, die, wie wir, um ihre Angehörigen besorgt waren. Mein Vater starb einige Monate nach seiner Verhaftung, weil man seine mit blutbeschmierte Wäsche, die von Folterungen zeugte, mit nach Hause brachte, um sie zu waschen. Er sah das, kurz danach hatte er einen Herzinfarkt.

Ich lebte jahrelang im Exil, weil ich gegen die Schahdiktatur war. Von meinem fünfjährigen Leben unter Khomeini im Iran habe ich mich zwei Jahre im Untergrund aufgehalten, nicht weil ich mit Waffen gegen die Regierung kämpfte oder in einer politischen Organisation Mitglied war, die eine Machtübernahme plante. Ich arbeitete nur in einer Frauenorganisation, die keine Alternative zu der Regierung darstellte, sondern einzig und allein für mehr demokratische Rechte und für Gleichberechtigung zwischen Mann und Frau plädierte und kämpfte.

Schließlich mußte ich unter schwierigen Umständen flüchten und viele Beleidigungen und Demütigungen, die eine alleinreisende Frau mit iranischen und türkischen Fluchthelfern verschiedener Schattierungen erlebt, durchmachen.

Viele meiner Freunde und Bekannten leben nicht mehr, weil sie sich nicht duckmäuserisch verhalten haben und gegen eine barbarische Regierung Widerstand geleistet hatten.

Der erste dieser Menschen, den ich kennenlernte, war mein Verleger. Er hieß Waliollah Mohammadi und besaß einen kleinen kritischen Verlag namens Schabgir. Ich habe ihm vom Berliner Exil aus meine Übersetzungen zugeschickt, und er hat mir viele ermutigende und lobende Briefe geschrieben.

Einer meiner ersten Schritte im Februar 1979, als ich nach Teheran zurückkehrte, war, ihn zu besuchen. Er hatte einen kleinen Buchladen gegenüber der Teheraner Universität und verlegte und vertrieb gleichzeitig Bücher. Wir hatten uns fünf Jahre lang Briefe geschrieben, ohne uns gesehen zu haben. Ich habe ihm meine neuen Übersetzungen und die Originalbücher mitgebracht, die er in seiner Schreibtischschublade einschloß, um sie später zu lesen. Seine Kinder spielten im Laden, die älteren, zehn oder zwölf Jahre alt, halfen dabei, die Kunden zu bedienen, während wir miteinander sprachen. Er hatte fünf Kinder, und da sie in der Nähe wohnten, waren immer ein paar bei ihm. Immer, wenn ich zu dem Laden ging, bückten sie sich über ihre Hefte und machten Schularbeiten oder sprachen mit Kunden und Besuchern.

Eines morgens bin ich zu ihm gegangen um zu erfahren, ob er meine Arbeiten schon durchgelesen hat, und welche ihn interessieren. Er war nicht da. Ein sehr junger Mann, sein Verwandter, stand da und verkaufte. Er erzählte mir, daß Wali gestern von der Demonstration nicht nach Hause zurückgekehrt sei. Sie wüßten nicht, ob er verhaftet oder verletzt sei. Es waren die letzten entscheidenden Demonstrationen vor Khomeinis Machtübernahme.

Ich ging jeden Morgen hin und sah nur seine traurigen Kinder. Sie wußten noch immer nicht wo er ist. Nach vier Tagen hörte ich, daß seine Leiche gefunden wurde. Er war bei der Demonstration erschossen worden.

Daraufhin habe ich meine Übersetzung des Buches »Rote Zora« einem anderen Interessenten, ebenfalls einem kritischen Verlag, übergeben. Sie setzten das umfangreiche Buch, auf persisch über sechshundert Seiten, in mehreren Monaten. Dies geschah mit einer alten Technik, sie setzten es mit der Hand.

Es dauerte viele Monate, bis es zu Ende gesetzt war. Eines Tages ging ich zu dem Verlag, der ebenfalls in einem Buchladen gegenüber der Teheraner Uni untergebracht war, um zu erfahren, wann das Buch erscheinen wird und ob er Interesse an einem weiteren Manuskript, ebenfalls Übersetzungen, hatte. Es war im Frühling 1981. Der Buchladen war zu. Ich fragte die Läden in der Nachbarschaft, was wohl passiert sei. Die Revolutionswächter waren da, sagten sie. Sie haben einen der drei Besitzer mitgenommen. Dabei haben sie auch sehr viele Bücher beschlagnahmt. Der Laden ist auf den Kopf gestellt worden.

Ich schaute regelmäßig dort vorbei und fragte auch meine Freunde und Bekannten, die wieder über Dritte Informationen oder Kontakte zu ihm hatten. Er saß im Evin-Gefängnis, mehr wußte man nicht.

Nach einigen Monaten wurde der Laden, durch einen Miteigentümer wieder eröffnet. Ich ging öfters vorbei und fragte nach ihm und nach dem Verbleib meiner gesetzten Vorlage. Keiner konnte mir darüber etwas sagen.

Sie wußten lediglich, daß die Revolutionswächter in der Druckerei waren und dort auch Vorlagen mitgenommen hatten. Von meinem zweiten handgeschriebenen Manuskript, ebenfalls die Übersetzung eines Kinderbuches, das im Büro des Ladens war, fehlte jede Spur. Bis heute weiß ich nicht, was damit passiert ist - mit dem Ergebnis von mehreren Monaten Arbeit. Dies war aber, gemessen an der Härte des Schicksals des Verlagsbesitzers, unwichtig.

Ich habe eineinhalb Jahre auf seine Freilassung gewartet. Ich wußte, daß er eine Menge Geld in das Setzen der »Roten Zora« investiert hatte, und wollte nicht, daß er große finanzielle Einbußen hatte, indem ich die Kopie meines Manuskriptes, die ich glücklicherweise zu Hause aufbewahrt hatte, einem anderen Verlag zur Veröffentlichung gebe. Die Mitbesitzer versprachen mir herauszufinden, wo sich meine Manuskripte und die bereits gesetzte »Rote Zora« befinden, aber als nach eineinhalb Jahren jede Spur von ihnen und vom festgenommenen Besitzer fehlten, habe ich es aufgegeben und brachte das Manuskript einem anderen Verlag.

In der »Roten Zora« gibt es einige Gedichte, die für mich sehr schwer zu übersetzen waren. Man mußte den ganzen Rhythmus und den exakten Inhalt wiedergeben. Diese Kunst, rhythmisch zu schreiben, besaß ich nicht, deshalb holte ich mir Hilfe.

1978, als ich noch in Berlin lebte, wurden einige Gefangene aus dem Gefängnis entlassen und sie durften ins Ausland reisen. Das war der letzte Versuch des Schahs, durch Liberalisierungen im letzten Moment seinen Thron zu retten.

Im Ausland bildeten sie ein Komitee, das über Menschenrechtsverletzungen, Zustände in den Gefängnissen und über Folterungen informierte. Unter ihnen war ein bekannter und beliebter oppositioneller Dichter, Saaid Soltanpoor. Ich half der Gruppe in verschiedenen Städten Informationsveranstaltungen und Pressekonferenzen zu veranstalten.

Als wir wieder in Berlin waren, bat ich Saaid Soltanpour, mir bei der Übersetzung der Gedichte zu helfen. Er tat es, aber bald haben wir die Arbeit unterbrochen, weil die Gruppe und ich durch weitere Lockerungen wieder nach Iran fahren konnten. Es war keine Zeit, in der man sich hinter den Schreibtisch setzen konnte. Drei Gedichte hat er fertig geschrieben. In Teheran habe ich ihn einige Male bei verschiedenen Veranstaltungen des Schriftstellerverbandes wiedergesehen. Im Sommer 1981 ist er in Teheran auf seiner eigenen Hochzeitsfeier verhaftet worden. Nach dem Aufstand im Juni 1981 ist er ohne Vorwarnung zusammen mit circa 200 Menschen hingerichtet worden.

* * *

Das Leben ging weiter. Die Universität Teheran, wo ich kurz nach der Revolution einige Lehraufträge hatte, war längst geschlossen. Ich lebte halb im Untergrund, mein Mann war geflüchtet, ich bemalte Seidenstrümpfe, um meinen Lebensunterhalt zu verdienen. Ich hatte nie Malen gelernt, besaß, soweit ich das selbst beurteilen konnte, nie ein Talent dafür. Zu meinem Erstaunen kauften aber Frauen die von mir improvisierten Farbzeichnungen gerne, so daß ich nur sechs oder sieben Stunden, meist am frühen Abend bis zur Mitternacht, Strümpfe bemalt und soviel wie ein höherer Beamter im Monat verdient habe.

Dies habe ich einmal in der Woche getan, den Rest war ich mit meiner Frauenarbeit beschäftigt, die darin bestand, gefährdeten Frauen, die ich aus dem »Nationalen Bund der Frauen« kannte und jetzt im Untergrund lebten und gefährdet waren, zu unterstützen.

Weil mir, nach mehrjährigem Aufenthalt im Iran und Bereicherung meiner persischen Sprache, die gesetzte Fassung der »Roten Zora« nicht mehr gefiel, habe ich das Buch wieder neu bearbeitet. Dabei bat ich N.M., ebenfalls ein bekannter iranischer Dichter, den ich durch meinen Mann kannte, mir bei der Übersetzung der restlichen Gedichte zu helfen. Er tat das und flüchtete kurz danach ins Ausland. Ich hatte seine Frau und seine drei Kinder ebenfalls bei gemeinsamen Freunden kennengelernt.

* * *

Ich habe sie nach der Flucht von N.M. noch einmal getroffen. Sie war eine gläubige Muslemin und hatte eine oppositionelle muslemische Gruppe, deren Name mir nicht bekannt war, unterstützt. Ihr Sohn, ein 17-jähriger Schüler, hat der Volksmudjahedin angehört. Sie mußte daher ihr Haus, das ihr Eigentum war und das sie nach jahrelanger harter Arbeit gekauft hatte, fluchtartig verlassen und lebte nun zusammen mit ihrem 17-jährigen Sohn, ihrer jüngeren Tochter und ihrem vierjährigen Kind in der Wohnung eines alten Hausmeisters in einem mehrstöckigen Neubau. Der Sohn hatte sich während der Demonstration am 11. Juni 1981 eine Schußverletzung am Bein zugezogen. Da er aus Sicherheitsgründen nicht im Krankenhaus behandelt werden konnte, lag er zu Hause.

Ich habe die Frau mit verzweifeltem Gesichtsausdruck bei einer gemeinsamen Freundin getroffen. Sie beklagte sich, daß sie es nicht mehr in den engen Räumen des Hausmeisters aushalten kann. Der Hausmeister erwartet, daß sie jeden Tag für ihn kocht. Die Tochter, ein Teenager, wirft ihr vor, daß sie durch ihre politische Arbeit die ganze Familie gefährdet und durch ihre Entscheidung das Leben der Tochter beeinträchtigt habe. Sie wollte lieber friedlich mit ihren Eltern in ihrem eigenen Haus leben und zur Schule gehen, anstatt den ganzen Tag in der elenden Wohnung eines Hausmeisters gefangen zu sein und praktisch als dessen Dienerin von ihm herumkommandiert zu werden.

Das wunde Bein des Sohnes ist wieder vereitert, die Jüngste fragt dauernd nach ihrem Vater, und das alles halte sie nicht mehr aus. Sie bat meine Freundin, für sie eine andere Unterkunft zu besorgen. Meine Freundin mußte sie aber wieder wegschicken, weil auch sie ihr nicht helfen konnte.

Einige Monate später hörte ich, daß sie durch den Tod ihren Schmerzen entflohen ist. Weil sie dies nicht vor den Augen ihrer Kinder tun wollte und weil sie keinen anderen Platz hatte, um in Ruhe zu sterben, nahm sie Beruhigungspillen, stieg in ein Taxi und bat den Fahrer sie herumzufahren, bis der Fahrer ihren leblosen Körper ins Krankenhaus brachte. Ihre Kinder sind später zu ihrem Vater nach Paris geflüchtet. Vor zwei Jahren hörte ich, daß der ältere, ehemals verletzte Sohn, sich in der Pariser Wohnung aus dem Fenster geworfen hatte.

* * *

Rosa habe ich im »Ettehade Melli Zanan« - Nationaler Bund der Frauen -, kennengelernt. Eines Tages hörten wir, daß sie verschwunden war. Keiner wußte, ob sie verhaftet, ob sie noch am Leben ist oder nicht. Einige Wochen vergingen, bevor ich wieder etwas von ihr hörte. Meine FreundInnen haben mir sehr vertraulich mitgeteilt, daß sie auf offener Straße, als sie auf ein Taxi gewartet hatte, verschleppt worden sei. Man hat sie in eine »Khane Amn«, eine konspirative Wohnung der Revolutionswächter, gebracht. Dort ist sie tagelang von verschiedenen Männern vergewaltigt worden. Man hat sie als kommunistische Hure beschimpft, und gedroht, daß sie sie umbringen werden, wenn sie noch einmal beim Verkauf irgendwelcher Zeitschriften erwischt würde.

Sie ist wochenlang nicht mehr zu den Sitzungen erschienen. Wir hörten, daß sie sich in einer schwierigen psychischen Lage befinde. Als sie kam, durfte keiner von uns darüber mit ihr sprechen, oder den Vorfall irgendwie erwähnen.

Ich bin im Dezember 1983 nach Deutschland geflüchtet. Hier hörte ich von Freundinnen der »Ettehad Melli Zanan«, daß Rosa wieder im Gefängnis sitzt.

1988 ist sie nach jahrelanger Haft entlassen worden und nach Paris geflüchtet. Sie hat mir zwei lange Briefe geschrieben und mich gedrängt, daß ich die Geschichte der Entstehung der »Ettehade Melli Zanan« aufschreibe. Ihr ganzer Brief bestand aus Appellen, man müsse doch versuchen etwas zu tun. Ihre Briefe haben sehr viel Kraft ausgestrahlt, ich war aber mit anderen Problemen - mit denen der Flüchtlinge - beschäftigt, war hoffnungslos und müde und schrieb ihr keine Antwort. Sie war knapp ein Jahr in Paris, als ich von ihrem Selbstmord erfuhr. Sie hat sich aus dem Fenster gestürzt und war sofort tot.

Später blätterte ich während eines Urlaubs auf Amrum zufällig in der iranischen Exilzeitschrift »Thscheschmandaz«. Dort waren Auszüge aus ihren Memoiren abgedruckt:

»...ich habe mit Minu in einer Zelle gelebt. Wir waren insgesamt fünf oder sechs. Eines abends, als ich die Verhöre nicht mehr ertragen konnte, habe ich mich entschlossen, mich umzubringen. Es war nichts da, womit man sich das Leben nehmen konnte. Ich habe meinen Slip ausgezogen und ihn in meinen Rachen gesteckt. Es wirkte, es kam ein lautes Geräusch aus meinem Rachen, und im letzten Moment mußte ich aufhören. Ich zog leise den Slip aus meinem Rachen und schlief... Eines Tages brachten sie eine Schere in die Zelle. Es war eine seltene Gelegenheit. Ich habe die Schere in meiner Hose versteckt und ging damit zur Toilette. Dort habe ich die Stromkabel durchgeschnitten und sie angefaßt. Leider wirkte das nicht, weil es sich um Wechselstrom handelte. Traurig und enttäuscht bin ich zu der Zelle zurückgekehrt.

Einige Tage später brachten sie uns eine Nadel in die Zelle. Ohne daß jemand es merkte, schluckte ich sie hinunter. Nur Minu wußte davon. Sie fragte mich dauernd besorgt, wie es mir ginge. Aber ich hatte kein Glück. Nicht einmal eine kleine innere Blutung. Nichts!

Einige Tage vergingen. Eines nachts habe ich mich entschlossen, meine Pulsadern aufzuschneiden. Ich nahm das Medikamentenfläschchen einer Zellengenossin, lehrte es aus und nahm das leere Fläschchen mit zur Toilette. Dort zerschlug ich es mit sehr viel Mühe. Die Glasstücke waren aber dick und stumpf. Ich hatte keinen anderen Ausweg, ich mußte es doch versuchen. Von halb neun bis viertel nach drei in der Frühe, der Zeit, in der wir wieder Toilettengang hatten, war ich damit beschäftigt, meine Pulsadern aufzuschneiden. Kaum hatte ich herausgefunden, wie ich mit diesem Klotz meinen Puls schneiden kann, bin ich durch das Bluten bewußtlos geworden...

Als ich später in die Gemeinschaftsabteilung des Gefängnisses kam, habe ich herausgefunden, daß sehr viele andere Gefangene fast alle diese Wege, die ich gegangen bin, durchprobiert haben, um sich das Leben zu nehmen, weil sie den Druck der Verhöre nicht mehr ertragen konnten. Einige haben Erfolg gehabt und waren tot, z.B. eine Schülerin, Mitglied der Volksfedajin-Minderheit, hat sich im

Gang erhängt. Eine weitere hat sich während des Hofgangs versteckt und konnte sich durch Erhängen von dem unendlichen Druck und den Schmerzen der Verhöre befreien. Eine Genossin hatte ihren Puls mit ihren Zähnen aufgeschnitten. Ein Genosse schnitt seinen Penis mit Hilfe eines Eßlöffels auf und wollte so den Tod suchen. Im Ervin-Gefängnis brachten sie mich zu einem »Gericht«. In den fünf Minuten, die mein Verfahren dauerte, habe ich weder über Beschuldigungen etwas gehört, noch sagte man mir, in welchen Punkten ich für schuldig befunden wurde. Das einzige, was sie mich fragten, war, wo mein Onkel sich befindet und woher ich das Geld hatte, das ich bei der Verhaftung mit mir trug... Außerdem fragten sie, warum ich erst so spät geheiratet habe...«

Ich war erst einen Tag auf Amrum. Den Rest der Woche lag ich im Bett und weinte. Ich hatte der Landschaft und meinen deutschen Freunden nichts mehr zu sagen gehabt. Ich schwörte, ihre Memoiren zu übersetzen, beruhigte mich, sprach mit ihnen und ging wieder hinaus. Ich übersetzte sie, sobald ich wieder in Berlin war.

Viele meiner Freunde sind hingerichtet worden. Immer traf es die besten, z.B. Rostam. Er war ein sehr ruhiger, bescheidener, lieber Mann. Ich war mit seiner Frau befreundet, die ebenfalls in »Ettehade Melli Zanan« arbeitete.

Während des Krieges, als man abends nur Kerzen anmachen durfte und die Straßen dunkel und unsicher waren, haben wir uns, einige Frauen aus unserem Frauenbund, bei mir zu Hause getroffen. Anschließend haben wir alle Matratzen und Decken am Boden ausgebreitet und schliefen. Morgens frühstückten wir gemeinsam und gingen auseinander. Dies taten wir für einige Monate einmal in der Woche. Als einzige Frau stand F., die Frau von Rostam, um sechs Uhr auf, ging nach Hause, damit sie, bevor beide zur Arbeit fahren, zusammen frühstücken konnten. Wir lachten ein wenig spöttisch, freuten uns aber über die enge Beziehung und die Kraft ihrer Liebe.

Einige Monate später, kurz nach der Geburt ihres Sohnes, haben die Revolutionswächter Rostam festgenommen und zehn Monate später hingerichtet.

* * *

Als letzter aus meinem Bekanntenkreis wurde im Herbst 1988 Reza hingerichtet. Seine Frau ist eine meiner besten Freundinnen in

Berlin. Er wurde verhaftet, als sein Sohn 20 Tage alt war. Sie ist nach Berlin geflüchtet und war froh, daß ihr Mann, im Gegensatz zu vielen anderen Freunden, nicht hingerichtet worden war, sondern »lediglich« zu zwanzig Jahre Haftstrafe verurteilt wurde. Sie wartete geduldig auf ihn. Das Leben im Exil, als alleinstehende Mutter mit einem kleinen Kind, machte ihr zu schaffen. Wir hatten öfters Gespräche darüber, ob sie ihre Einsamkeit noch länger aushalten kann. Sie sagte immer, sie möchte nicht aus moralischen Gründen auf ihren Mann warten. Sie tut es aus Liebe, aus einem tiefen Gefühl, das sie für ihn empfindet.

Er ist dann nach sieben Jahren Haft, zusammen mit einer unbekannten Zahl, vielleicht mehreren Tausend, im Herbst 1988 hingerichtet worden. Allein in Berlin leben mehr als 20 Personen, deren Ehemänner, Brüder und nächsten Verwandten in diesen häßlichen Herbsttagen hingerichtet wurden. Die Säuberung fand im Männergefängnis statt. Das genaue Datum und die Art und Weise, wie sie alle zusammen im Gefängnis ermordet wurden, sind uns nicht bekannt.

Es gibt mehrere Berichte und Informationen. Einige haben eine größere Explosion in dem Gefängnis gehört. Es gab einen Bericht, wonach die Türen im Gefängnis aufgerissen wurden und man wahllos auf Gefangene schoß. Andere erzählten, daß die Revolutionswächter die Gefangenen herausnahmen und in zwei große Gruppen einteilten, die, die regelmäßig beteten, und solche, die dies nicht taten. Jene, die nicht beteten, wurden alle erschossen. Es war ein Massenmord an Geiseln und geschah kurz nach der Schlacht der »Forughe Djawidan«, in der die Volksmudjahedin zusammen mit den Irakis gegen Khomeinis Streitkräfte kämpften, und bevor die iranische Regierung die Tore nach Westen aufmachte und unabhängige UNO-Beobachter hereinließ. Einige meinten, daß dies die Abrechnung des radikalen »Regierungsflügels« war, um die »Liberalisierung« und Öffnung nach Westen zu verhindern, andere sagten, sie wollten, bevor UNO-Beobachter nach Teheran kamen, die Gefängnisse auf diese Art und Weise leer bekommen.

Den etwaigen Hinrichtungstag von Reza konnte man aus der stehengebliebenen Uhr erschließen, die seine Eltern zusammen mit seiner persönlichen Habe erhalten haben. Demnach geschah die Hinrichtung mehrere Wochen bevor die Regierung diese bekanntgab.

* * *

Nicht zu vergessen ist, daß die Hinrichtungen nicht nur politische Gegner der islamischen Regierung betrafen, sondern auch politische Rivalen innerhalb des Regimes, wie z.b. Ghotbzadeh, der ehemalige Fernseh- und Rundfunkdirektor und Vertraute Khomeinis, ein überzeugter »Hisbollah« - »Parteigänger Gottes«.

Ich erinnere auch an massenhafte Hinrichtungen von religiös andersdenkenden Bahais, die allein wegen ihrer religiösen Überzeugung ermordet wurden.

Auch eine nicht geringe Zahl, mehrere Tausend, »Ehebrecherinnen«, Rauschgifthändler, Prostituierte, Homosexuelle, Spekulanten und andere Menschen, sind unter der Anschuldigung »Schandverbreiter auf Erden« oder »Gottesbekämpfer« - was das auch heißen mag - den Hinrichtungen zum Opfer gefallen, wenn sie nicht gar als »sündige Frauen« den grausamen Tod durch Steinigung gefunden haben.

Ich möchte klarstellen, daß mein Schicksal, was die Zahl der hingerichteten und verhafteten Bekannten und Freunde betrifft, sich nicht von anderen Angehörigen der iranischen Mittelschicht unterscheidet. Ich habe Bekannte, in deren nächsten Verwandtschaft zehn Menschen hingerichtet sind, und organisierte Linke, bei denen noch mehr Menschen in ihrer nächsten Umgebung verhaftet und hingerichtet wurden.

Ich brauche nicht mehr zu erwähnen, wie ich mich fühlte, als ich die Sätze über das besondere duckmäuserische Verhalten der »Iraner« sah und angebliche Erkenntnisse über Gründe las, warum Iraner besonders autoritätsgläubig sind. Wobei ich es gar nicht leugnen möchte, daß im Iran genauso viel oder so wenig wie in jedem anderen Land auch Duckmäuser existieren, die das Herrschen von autoritären Regierungen erleichtern.

Ohne daß ich das iranische Volk als Helden darstellen möchte, erinnere ich daran, daß gerade in den letzten fünfzehn Jahren aufgrund der besonderen historischen Gegebenheiten viele Millionen Iraner gegen zwei diktatorische Regierungen aufgestanden sind. Sie waren bereit, für ihre Rechte erschossen oder erstochen zu werden oder in Gefängnisse zu gehen; trotz Folterungen haben mehrere Zehntausend sich nicht gebeugt und sind für ihre Ideale gestorben.

Frau Mahmoodys politische
»Wahrheiten«

»Die islamische Revolution im Iran hat bewiesen, daß die Iraner gegen die amerikanische Außenpolitik sind und nicht gegen die amerikanische Öffentlichkeit. Wir fordern Sie auf, Ihre Massenmedien kritisch zu betrachten. Bleiben Sie in Kontakt mit iranischen Moslems, die über die momentane Situation unterrichtet sind.
  Vielen Dank
  Eine Gruppe bersorgter Moslems
  Corpus Christi, Texas
Das war zuviel für mich. Ich erhob mich zur Verteidigung meines Landes und überschüttete Moody mit Schmähungen.« (Seite 282)

»Obgleich Moodys Landsleute offiziell alles Amerikanische hassen, genießt das amerikanische Erziehungssystem bei ihnen hohes Ansehen.« (Seite 7)

Dies zeigt, daß Frau Mahmoody nicht nur verschiedene Kulturen durcheinanderbringt, sondern auch Regierungen und ihre Politik von den regierten Menschen nicht auseinanderhalten kann. Wenn Moody in einem Flugblatt amerikanische »Regierung« und ihre momentane Politik kritisiert, fühlt sie sich verpflichtet, ihr »Land« zu verteidigen. Wenn die iranische Bevölkerung die amerikanische Regierung haßt, obwohl diese Behauptung auch pauschal und daher nicht zutreffend ist, meint sie, daß Moodys Landsleute alles Amerikanische hassen.

»»Marg bar Amerika!« (»Tod für Amerika«, die Verfasserin); in Teheran erhoben sich in jener Nacht bis zu vierzehn Millionen Stimmen als eine.« (Seite 100)

Als ich noch im Iran war, Ende 1983, haben sehr viele Menschen auf öffentlichen Plätzen sowie in den orangefarbenen Taxis, wo fünf Passagiere zusammensitzen, in Lebensmittelschlangen, in Arztpraxen usw. offen oder halboffen gegen die Khomeini-Regierung geschimpft. Selten war ich jemandem begegnet, der sich für die Regierung ausgesprochen hatte. Ich fragte mich schon damals, wie diese Regierung noch an der Macht bleiben kann und wer die Hunderttausenden sind, die bei bestimmten Anlässen für die Regierung auf die Straße gehen.

Als ich schon geflüchtet war, habe ich alle Besucher, die aus dem Iran kamen, aufmerksam gefragt, wie die Lage im Iran sei und was die Menschen über die Regierung sagen. Die Antwort war immer, daß jetzt die Menschen viel freier schimpfen und viel mutiger geworden sind im Ausdruck ihres Unmuts. Ich meine, daß die islamische Regierung im Iran nur circa 10 % aktive Anhänger besitzt.

Mehrere zehntausend Regierungsgegner haben ihr Leben lassen müssen und sind hingerichtet worden. Der psychische und physische Druck auf Gefangene war so groß, daß sehr viele namhafte Oppositionelle, selbst jene, die schon in der Schah-Zeit in Gefängnissen saßen wie Amuie - er saß 25 Jahre unter dem Schah im Gefängnis, weil er ein überzeugter Kommunist war -, im iranischen Fernsehen erschienen sind und sagten, daß sie sich geirrt haben und sich jetzt zum Islam bekennen. Es ist nicht von Bedeutung, warum sie das sagten. Es ist wichtig, daß sehr viele Oppositionelle und ihre Anhänger den Mut verloren haben und wußten, daß die islamische Republik über Kräfte und Unterdrückungsmaschinerien verfügt, unter denen sogar ein »Held« wie Amuie zusammenbrechen mußte.

Sie wollten es nicht riskieren, so ihr Gesicht zu verlieren und gedemütigt zu werden. Sie organisieren sich nicht mehr und kämpfen nur vereinzelt. Aber weil öffentlicher Unmut zu äußern - besonders wenn man keine politische Vergangenheit besitzt oder älter ist -, nicht lebensgefährlich ist und weil man annimmt, daß man unter sich ist, äußert sich die Mehrheit der Bevölkerung mehr oder minder öffentlich gegen die Regierung.

Selbst wenn alle neugeborenen Babys mitschreien könnten, wäre es niemals möglich, daß 14 Millionen Teheraner auf Befehl der Regierung abends »Marg bar Amerika!« - »Tod für Amerika« - schreien würden.

Wenn ich mich an die Hinrichtungen vor zwei Jahren erinnere, empfinde ich diese Aussage als Beleidigung.

Bereits 1981 sind täglich zwischen 100 und 200 Menschen hingerichtet worden. Ich muß gestehen, daß wir schon erleichtert aufgeblickt haben, wenn an einem Tag nur 74 oder 60 Menschen hingerichtet wurden.

Sie waren gewiß keine USA-Freunde, aber weder sie noch ihre Verwandten wären bereit, auf Befehl der Regierung nachts laut Parolen zu sprechen.

Am Anfang seiner Regierung, wo Khomeini noch kein Blutbad angerichtet hatte, ist nur ein Teil der Bevölkerung den Aufforderungen gefolgt, nachts Parolen zu rufen.

»Manchmal fahren sie die LKWs zu einer Jungenschule und bringen die Jungen weg, damit sie Soldaten werden. Ihre Familien sehen sie nie wieder. Wie ich den Krieg haßte! Er war so sinnlos. Ich konnte ein Land nicht verstehen, dessen Menschen so begierig waren zu töten und bereit waren zu sterben. Dies ist einer der größten - und für Amerikaner - unergründlichsten kulturellen Unterschiede zwischen den behüteten Menschen aus den USA und denen aus einer vergleichsweise unterprivilegierten Kultur.« (Seite 210)

Es leben zwei bis drei Millionen iranische Flüchtlinge im Ausland. Unter ihnen sind sehr viele, die geflüchtet sind, weil sie ihre Kinder vor dem Krieg schützen wollten. Es lebt auch eine große Zahl alleinstehender minderjähriger Iraner im Ausland. Wenn das Geld für die Flucht der ganzen Familie nicht ausreichte, schickten die Eltern ihre Minderjährigen alleine ins Ausland. Dies tun die Menschen in allen Ländern, wenn es keine legalen Möglichkeiten gibt, den Kriegsdienst zu verweigern, und wenn sie es sich leisten können, vor dem Krieg zu flüchten.

Es entspricht den Tatsachen, wenn man von einer Regierungspropaganda spricht, die versucht, den Krieg als heilig zu bezeichnen und den gefallenen »Märtyrern« allerlei Vorteile nach dem Tode versprach. Es gab organisierte Versuche und Maßnahmen, minderjährige Schüler in der Schule für den Krieg zu gewinnen. Dies war aber eine Regierungspolitik, die mit der iranischen Bevölkerung nur insofern zu tun hatte, daß sie von einer dünnen Schicht der Bevölkerung unterstützt wurde - von denen, die sich Macht und Einfluß von der Existenz der Regierung versprachen und zum Teil ihre eigenen Kinder davor schützen konnten, und einen noch kleineren Teil, die aufgrund ihrer fanatischen Vorstellungen, den »Islam« zu verbreiten, dies taten.

Es klingt jedenfalls absurd, wenn eine US-Amerikanerin sich wundert, warum ein 'Volk' mit einer 'minderwertigen' Kultur soviel Begeisterung für den Krieg und Töten empfindet. Sie lebt in den USA so »behütet«, daß sie nicht merkt, daß Menschen dort ihre Revolver vom Supermarkt holen können und alle drei Stunden ein Mensch durch einen Schuß sein Leben verliert.

Sie tut so, als ob die iranische Bevölkerung es war, die zwei Weltkriege mitmachte, Hiroshima bombardierte, Krieg gegen das vietnamesische Volk führte, in Panama Militär einsetzte, an nicaraguanische Contras Waffen lieferte und schließlich Tausende von Tonnen Bomben auf die irakische Bevölkerung niederwarf, und nicht die amerikanische Regierung.

Die Frau in Iran

Rechtliche Lage der Frau in Iran

In Iran herrscht zur Zeit das islamische Recht. Das wird in der iranischen Verfassung ausdrücklich betont.

Ein Rat hoher schiitischer Gelehrter überprüft, ob die vom Parlament erlassenen Gesetze auch tatsächlich den islamischen Regeln entsprechen.

Bevor ich die Rechte der Frau in Iran beschreibe, muß ich betonen, daß der Islam, wie andere Religionen auch, verschieden interpretiert werden kann. Ich möchte die Regeln, wie sie von den schiitischen Gelehrten dargestellt werden, nicht als den 'wahren Islam' bezeichnen. Ich freue mich über jede andere frauenfreundliche Interpretation der islamischen Regeln.

Ich möchte auch betonen, daß allein die rechtliche Lage der Frau wenig über die tatsächliche Stellung der Frau in der Gesellschaft aussagt. In vielen europäischen Ländern wird den Frauen seit Jahrzehnten verfassungsrechtlich die Gleichberechtigung garantiert. Trotzdem werden sie noch hauptsächlich von Männern regiert und von ihnen an den Arbeitsplätzen bevormundet. Noch immer verdienen sie nur ein Bruchteil von dem, was Männer verdienen, und wenn sie »nur« zu Hause arbeiten und für ihre Familie sorgen, erhalten sie gar nichts.

Auch wenn sie über Frauenfördermaßnahmen und Quotierung sich einen Arbeitsplatz ergattern, müssen sie die große Last der Hausarbeit zusätzlich auf ihren Rücken tragen. Wenn sie die gleichen Chancen wie ihre männlichen Kollegen und Kommilitonen beanspruchen wollen, müssen sie drei mal besser sein und mehr können, und darüberhinaus erwartet man von ihnen, daß sie immer modisch angezogen sind und ihre Ohrringe zum Kleidersaum passen.

Ich meine nicht, daß deshalb die gesetzliche Gleichberechtigung wertlos sei. Frauen haben jahrzehntelang dafür gekämpft, und die

Gesetze zeigen die »gute Absicht«, Frauen gewisse Rechte zuzugestehen. Der größte Nutzen solcher Gesetze besteht darin, daß man ständig zeigen kann, wie ein Zustand nicht sein darf.

In Iran gibt es nicht einmal die Gleichberechtigung auf dem Papier. Ich werde einige Ungleichheiten, die per Gesetz festgeschrieben sind, aufzählen.

Eine Frau darf ohne schriftliche Einwilligung ihres Ehemannes das Land nicht verlassen. Sie darf keinen Beruf aufnehmen, der dem Stand und Ansehen der Familie nicht entspricht.

Wenn ein Ehemann seine Frau und einen fremden Mann in einer Situation überrascht, in der sie sich lieben, und er seine Frau oder beide tötet, wird er vom Gericht freigesprochen. Seine Tat wird nicht als Mord bewertet. Dies gilt aber per Gesetz nur für den Ehemann. Wenn eine Frau dasselbe tut, wird ihre Tat als vorsätzliche Tötung bewertet.

Die oben genannten Bestimmungen sind nicht neu und galten auch während der Schahzeit.

Eheschließung

Nach islamisch-schiitischen Regeln dürfen Männer vier Frauen heiraten und eine unbegrenzte Zahl von »Siegheh« - Zeitehen - eingehen.

Während der Schah Zeit wurde die Polygamie der Männer per Gesetz eingeschränkt. Sie durften nur unter bestimmten Umständen und mit Einverständnis der ersten Frau wieder heiraten. Diese Einschränkungen sind inzwischen wieder aufgehoben worden.

Vor der islamischen Machtübernahme war das Mindestalter zur Heirat auf 18 Jahre festgelegt. Mädchen, die ihr 16. Lebensjahr vollendet hatten, durften nach einer amtsärztlichen Untersuchung und Feststellung ihrer Reife auch früher heiraten. Diese Regelung wurde aber vor allem auf den Dörfern und unter Nomaden nicht eingehalten. Dort haben Frauen oft mit 18 Jahren bereits mehrere Kinder. Sie heirateten nur islamisch und ohne staatliche Registrierung. Erst wenn die Kinder einige Jahre alt waren, heirateten die Eltern notariell und besorgten für sie eine Geburtsurkunde. Dies schadete nicht. Man ist in den Dörfern daran gewöhnt. Es war sogar für männliche Nachkommen vorteilhaft, weil sie dann einige Jahre später zum Militärdienst gehen mußten.

Schon kurz nach der Revolution am 1.5.1979 hat die islamische Regierung das Heiratsalter von 18 auf 13 Jahre reduziert. Einen Monat später wurde per Weisung des Schulministeriums verheirateten Frauen der Besuch der Schule verboten.

Unverheiratete Frauen, egal welchen Alters, brauchen nach islamischen Regeln, die auch vor der Revolution Gesetz waren, die Zustimmung ihrer Väter oder Großväter, wenn sie eine Ehe schließen möchten. Bei der Eheschließung muß aber die Frau ausdrücklich ihr Ja-Wort geben. Ohne ihre Zustimmung kommt kein Ehevertrag zustande.

Sehen wir uns jetzt an, welche Regeln iranische Gelehrte festlegen, die über die allgemeinen, in Gesetzen enthaltenen Bestimmungen hinausgehen.

Khomeini schreibt in seiner »Tosieholmasael«:

»Eine Moslemin darf keinen 'Kafar' (Ungläubigen, die Verf.) heiraten. Ein Muslim kann auch nicht mit einer 'Kafare' (ungläubige Frau, Verf.) eine Ehe schließen. Aber er darf mit Frauen, die einer anderen anerkannten Religion, wie dem Judentum oder Christentum, angehören, eine Zeitehe eingehen.« (Khomeini, Tosieholmasael, Seite 487)

Jahja Nouri, ein anerkannter Gelehrter, begründet die Ungleichbehandlung zwischen Mann und Frau in seinem Buch »Rechte der Frau im Islam«:

»...ein weiterer Unterschied zwischen Mann und Frau besteht darin, daß das Welajat (Sorgerecht, Verf.) des Vaters für seine Söhne, die reif und nicht geisteskrank oder dumm sind, nicht mehr besteht... Aber ein Mädchen, das noch Jungfrau ist, braucht für die Eheschließung seine Zustimmung und Billigung... Die Weisheit dieser Bestimmung und Ungleichbehandlung von Mädchen und Jungen liegt darin, daß bei Frauen die Gefühle und bei Männern die Vernunft die Oberhand hat.« (Jahja Nouri, Rechte der Frau im Islam, Seite 106)

Khomeini schreibt an einer anderen Stelle seines Tosieholmasael:

»Es ist 'mostahab' (ein islamischer Begriff für eine empfehlenswerte Tat, Verf.), daß man ein Mädchen, das reif ist, d.h. ihre Periode schon bekommen hat, schnell verheiratet. Imam Sadehg (der sechste schiitische Imam, die Verf.), er sei gegrüßt, hat gesagt, ein

Glück des Mannes besteht darin, daß seine Tochter nicht in seinem Haus ihre Periode bekommt.« (ebenda, S. 479)

Er schreibt weiter: »Eine Frau darf ohne Erlaubnis ihres Mannes ein Kind stillen. Aber sie darf kein Kind stillen, wenn dadurch sie für ihren Mann 'Haram' (ein religiöser Begriff für verboten und ungenießbar, Verf.) wird. Wenn z.b. der Ehemann einen Säugling zu seiner Frau gemacht hat, darf seine Ehefrau das Kind nicht stillen, weil sie dadurch die Schwiegermutter des eigenen Mannes wird und somit für ihren Ehemann 'Haram' würde.« (ebenda, S. 505)

Es ist undenkbar und absurd, daß ein erwachsener Mann, selbst Vater eines Kindes, mit einem Säugling eine Ehe schließt, wie in dem Beispiel vorgeführt wird, aber die islamischen Gelehrten, unter anderem Khomeini, haben an alles gedacht:

»Wenn jemand ein unreifes Mädchen zu seiner Frau macht und, bevor sie 9 Jahre alt wird, mit ihr Geschlechtsverkehr aufnimmt und dadurch eine 'Efsaa' (Verletzung und Einreißen des Gewebes zwischen Vagina und After, Verf.) verursacht, ist es besser, wenn er sich von ihr scheiden läßt.« (ebenda, S. 489)

Eine Kindesmißhandlung ist nicht verboten. Im Falle einer Mißhandlung wird nur eine unverbindliche Empfehlung ausgesprochen, die Folter nicht mehr weiter durchzuführen.

Scheidung

Nach islamischen Regeln dürfen die Ehemänner ohne Angabe von Gründen sich von ihrer Frau scheiden lassen.

In einer besonderen Form der Scheidung »Rodjie« darf der Ehemann innerhalb einer Frist von 100 Tagen seine geschiedene Frau zurückverlangen. Es reicht aus, wenn er zu ihr geht und sagt »Ich will dich« oder sich nur dementsprechend verhält, d.h. seine Frau berührt.

Nach islamischen Regeln bedarf es nicht einmal einer erneuten Registrierung. Sie sind in dem Moment Mann und Frau, wenn der Mann ein Wort oder eine Handbewegung macht und zeigt, daß er sie wieder haben möchte. In diesem Augenblick spielt die Zustimmung der Frau, im Gegensatz zur ersten Eheschließung, keine Rolle.

Vor der Revolution mußten die Ehepaare ihre Heirat und Scheidung beim Notar registrieren lassen.

Eine Frau, die dreimal von ihrem Ehemann geschieden wurde, darf ihrem Ex-Ehemann erst dann wieder angehören, wenn sie einen anderen Mann geheiratet hatte und tatsächlich ein Geschlechtsverkehr stattgefunden hat. Frauen dürfen nach islamischen Regeln bei der Eheschließung ein eigenes Scheidungsrecht vereinbaren. Aber die wenigsten Frauen denken an ihrem Hochzeitstag an ihre Scheidung, und wenn sie dies tun, halten sie es für unpassend, an diesem Tag auch tatsächlich darüber zu sprechen. Außerdem meinen einige Gelehrte wie Jahia Nouri, daß eine Ehe nichtig sei, wenn bei der Eheschließung das Scheidungsrecht auch für die Frau vereinbart wurde.

Jahia Nouri führt in seinem Buch die Gründe dafür an, warum Männer einzig und allein über die Scheidung entscheiden sollten: »Es ist klar, daß es keine Gewähr und Garantie für den Fortbestand der Ehe und Familie für Ehepartner gibt, wenn sie beide die Möglichkeit haben, über die Scheidung zu entscheiden, auch wenn per Gesetz die Scheidungsgründe von vornherein begrenzt werden, da wir die Unbeständigkeit in der Seele der Frau kennen.« (Rechte der Frau im Islam, S. 220)

Eine Ehescheidung ist z.b. nach Khomeinis Auffassung auch dann rechtskräftig, wenn die Frau darüber gar nicht informiert worden ist (vgl. Tosieholmasael, S. 510)

Eine Frau hat nur in folgenden Fällen das Recht, selber eine Scheidung zu verlangen:

»Wenn die Frau nach der Eheschließung feststellt, daß ihr Ehemann geisteskrank ist, kein Glied besitzt, impotent oder nicht in der Lage ist Geschlechtsverkehr aufzunehmen oder man seine beiden Hoden herausoperiert hat, kann sie die Eheschließung wieder rückgängig machen.« (Khomeini, Tosieholmasael, S. 485)

Eine geschiedene Frau darf nach einer Frist von 100 Tagen, der Zeitraum, der für die Feststellung einer eventuellen Schwangerschaft festgesetzt wird, wieder heiraten.

Die Frau im »Ghesas« -
Islamisches Strafrecht

»Ghesas« ist ein Oberbegriff für das Islamische Strafrecht und bedeutet zugleich, Blutrache bzw. Verurteilung zur Auszahlung des Blutgeldes. Im Paragraph fünf des islamischen Strafrechts steht:

»Wenn ein Muslim eine Muslemin tötet, wird er zur Auszahlung des halben Blutgeldes verurteilt, es sei denn, der 'Wali' (Sorgeberechtigter, Herr oder Patron, Verf.) der Frau entscheidet sich für seine Tötung. In diesem Fall muß der 'Wali' vor seiner Tötung, das halbe Blutgeld an den Täter auszahlen.«

Übersetzt heißt dies, das Leben einer Frau ist nur halb soviel wert wie das Leben eines Mannes. Wenn ein Mann ermordet wird, haben die Erbberechtigten des Opfers das Recht, entweder seine Tötung zu veranlassen oder das Blutgeld (für einen Mann = einen »ganzen Menschen«) vom Täter zu verlangen.

Aber wenn ein Mann eine Frau (einen »halben Menschen«) tötet, kann der »Wali« - der Sorgeberechtigte und Herr - der Frau entweder das halbe Blutgeld verlangen oder selbst die andere Hälfte des Blutgeldes an den Täter auszahlen, also noch Geld an den Mörder liefern, damit er berechtigt ist, seine Tötung zu verlangen.

In Paragraph 16 des Strafrechts heißt es, »wenn Vater, Großvater oder Urgroßvater sein Kind oder Enkelkind tötet, wird er nicht zu 'Ghesas' verurteilt, sondern er soll das halbe Blutgeld an Erbberechtigte seines Kindes auszahlen, und der 'Hakem Schare' (Islamische Würdenträger, vergleichbar mit Staatsanwalt, Verf.) soll ihn rügen. Dies gilt aber nur für Vater, Groß- oder Urgroßvater, alle anderen werden zu 'Ghesas' verurteilt.«

Laut diesem Paragraphen sind die Kinder Privateigentum ihrer Väter. Wenn er sein Eigentum beschädigt, wird er nur gerügt und muß eine Geldsumme an Erbberechtigte, er ist selbst in vielen Fällen der Haupterbberechtigte, also an sich selber bezahlen und damit ist die Sache erledigt.

In Paragraph 33 wird aufgeführt, daß »ein vorsätzlicher Mord nur durch die Zeugenaussage von zwei gerechten Männern bewiesen werden kann.«

Das heißt, ein Mann kann in eine Mädchenschule marschieren, dort den Kopf eines Mädchens oder einer Lehrerin vor den Augen von Hunderten von Frauen abschneiden, und unbesorgt wieder rausgehen. Sein Mord wird niemals bewiesen. Es sei denn, er ist so gnädig und gesteht es von alleine.

In allen anderen Fällen, außer bei vorsätzlichem Mord, können die Frauen als Zeugen gehört werden, wobei erst die Zeugenaussage von zwei Frauen wie die Zeugenaussage eines Mannes bewertet wird.

Die Frauen dürfen nach islamischen Regeln nicht als Richterin arbeiten. Einige Monate nach der Machtübernahme der Islamischen Regierung sind die iranischen Frauen von ihren Richterposten entfernt worden. Als Begründung führt Jahia Nuri folgendes an:

»Es kommt öfters vor, daß man über Personen richten muß oder als Zeuge aussagen muß, die einem nahe stehen, oder es sich um schöne Frauen oder junge einflußreiche Männer handelt. Bei Frauen, wie ihr allgemeiner Zustand zeigt, ist zu befürchten, daß Eifersucht und Neid gegenüber einer schönen Frau oder die Schönheit und Anziehungskraft oder der Reichtum und Einfluß eines Mannes oder seiner Jugend ihr den Verstand unter dem Druck der Gefühle zerbricht und Recht und Gerechtigkeit Opfer der Leidenschaft und Begierde werden.« (Rechte der Frau im Islam, Jahia Nuri, S. 94)

Als Begründung, warum die Frauen den Männern unterlegen sein müssen, haben verschiedene islamische Gelehrte Irans ihre Erklärungen abgegeben. Motahari, ein anerkannter Gelehrter und Khomeini-Mitstreiter, der nach der Revolution einem Anschlag zum Opfer fiel, schreibt:

»Alle Frauen haben es gern, wenn sie unter der Regie einer anderen Person arbeiten, kurz gefaßt, sie ziehen es vor, untergeordnet zu sein und unter Anordnung eines Vorgesetzten zu arbeiten. Der Architekt der seelischen Überordnung der Männer und Unterordnung der Frauen ist die Natur, daher sind alle Kämpfe, die die Frauen dagegen führen, ergebnislos. Die Frauen sollen diese Wahrheit akzeptieren, daß sie, weil sie empfindlicher sind als Männer, die männliche Beaufsichtigung in ihrem Leben brauchen.« (Morteza Motahari, Rechte der Frauen im Islam, S. 184)

Der islamische Gelehrte Golpaiegani schreibt:

»Eine Frau, die eine nicht zeitlich begrenzte Ehe eingegangen ist, darf nicht ohne Erlaubnis ihres Ehemannes das Haus verlassen, sie soll sich für alle Genüsse, die der Mann mit ihr haben möchte, zur

Verfügung stellen, und außer bei religiösen Hindernissen (z.B. die monatliche Periode, Verf.) den Geschlechtsverkehr mit ihm nicht verweigern.

Wenn sie ihm in allen den Fällen gehorcht, ist der Ehemann ihr gegenüber verpflichtet, für ihr Essen, ihre Kleidung und Behausung zu sorgen, und wenn er dies nicht tut, egal ob er finanziell dazu in der Lage ist oder nicht, bleibt er der Frau dies schuldig.

Wenn die Frau in den oben genannten Angelegenheiten dem Ehemann nicht gehorcht, ist sie eine Sünderin und hat kein Recht auf Essen, Behausung und Beischlaf, aber Anspruch auf ihre 'Mehrieh' (die bei der Eheschließung vereinbarte Geldsumme, die der Ehemann spätestens bei der Scheidung der Frau zur Verfügung stellen muß, Verf.) bleibt erhalten.« (Golpaiegani, Traktat, Fälle 2421f)

Jahia Nuri versucht, seiner ganzen Theorie auch noch einen »wissenschaftlichen« Glanz zu verleihen. Er schreibt:

»Das Herz des Mannes ist durchschnittlich 300 Gr., das von einer Frau 240 Gr. schwer, der Unterschied: 60 Gr. Das Gehirn vom Mann ist durchschnittlich 1200 bis 1400 Gr. schwer, dasjenige der Frau 1070 bis 1300 Gr.. Der männliche Schädel ist durchschnittlich 15 % größer als der weibliche.

Die Frauen sind durchschnittlich 10 bis 15 cm kleiner als die Männer... Die fünf Sinne der Frauen sind schwächer als die von den Männern. Den Beweis dieser Behauptung ergibt die folgende Überlieferung: 'Mohammad-ebne-Sanan fragt Ebnelhasan Alreza, er sei gegrüßt, über die Gründe der Nichtberücksichtigung der Zeugenaussage der Frau im Scheidungsfall und auch bei der Beobachtung des Neumondes. Der Gnädige antwortete, weil die Frauen in ihrer Sehkraft schwach und in ihren Gefühlen und in ihrer Parteilichkeit stark sind.'« (Jahia Nouri, Die Rechte der Frau im Islam, S. 55-59)

Interessant ist auch eine Überlieferung des Propheten Mohammad, die Mohammad Bagher Madjlesi, ein anerkannter Gelehrter, in seinen »Helliatolmottaghien« (S. 59) zitiert:

»Es wird berichtet, eine Frau besucht 'Hasrat' (Ansprache für Heilige, Verf.) Mohammad und fragt ihn, 'Gesandter Gottes, sage, welche Rechte hat der Mann über die Frau?' Er sagte 'sie muß ihm gehorchen, nicht ungehorsam sein, ohne seine Erlaubnis keine Almosen spenden und nicht traditionell fasten (nicht vorgeschriebenes Fasten, Verf.), immer, wenn der Ehemann den Beischlaf wünscht, sich ihm zur Verfügung stellen, auch wenn er dies auf dem Sattel des Kamels verlangt, und ohne seine Erlaubnis nicht aus dem

Haus gehen. Wenn sie dies doch tut, werden die Engel des Himmels und der Erde und die Engel des Zorns und der Barmherzigkeit alle sie solange verdammen, bis sie wieder nach Hause zurückkehrt.' Die Frau fragt, 'Du Gesandter Gottes, wer hat am meisten Rechte über den Mann?' Er sagt, 'Der Vater'. Sie fragt, 'Wer hat am meisten Rechte über eine Frau?' Er sagt, 'Der Ehemann'. Sie fragt, 'Habe ich nicht soviele Rechte meinem Mann gegenüber wie er sie mir gegenüber hat?' Er sagt, 'Nicht eins zu hundert.' Die Frau sagt, 'Ich schwöre auf Gott, der Dich wahrhaftig als Gesandten geschickt hat, daß ich niemals heiraten werde.'« (Mohammad Bagher Madjlesi, Helliatolmottaghien, S. 59)

Ich möchte betonen, daß ich von all dem, was die islamischen Gelehrten über Rechte der Frau gesagt haben, nur jene Teile hier wiedergegeben habe, die mir typisch oder absurd erschienen sind. Ich habe nur einige der herausragendsten der spitz und klar formulierten Stellen ausgewählt. Es gibt auch andere Aussagen, z.B. von dem bereits vielzitierten Jahia Nouri, die ich noch gerne anbringen möchte:

»Der Islam hat 14 Jahrhunderte vor unserer Zeit den Frauen rigorose Rechte zugestanden und ihnen eine so hohe Stellung gewährt, daß Europa heute nicht einmal 5 % von alledem bereit ist zu übernehmen.« (Jahia Nouri, Rechte der Frau im Islam, Vorwort)

Derselbe Autor schreibt an anderer Stelle:

»Wie sie sehen, ist im Islam empfohlen, daß die Väter ihre Töchter wegen deren Überempfindlichkeit und Sensibilität mehr berücksichtigen sollten, und wenn von Ungleichbehandlung die Rede ist, dann sollen sie ihre Töchter bevorzugen.« (ebenda, S. 47/48)

Die Bewertung der letzten Zitate möchte ich den LeserInnen überlassen.

Bedeutung der islamischen Regeln für das Leben der iranischen Frau

Wenn man die oben angeführten Äußerungen von islamischen Gelehrten liest, stellt man sich Zustände im Iran vor, die es in dieser Schärfe in Wirklichkeit nicht gibt. Ich werde versuchen, die Gründe hierfür zu erläutern.

Die im vorhergehenden Kapitel zitierten Äußerungen sind eher eine Wunschliste der fanatischen Islamanhänger, die mehr oder weniger nur in ihren eigenen Kreisen bekannt sind und diskutiert werden. Wenn es einige neugierige und interessierte Frauen in »Ettehade Melli Zanan« - Nationaler Bund der Frauen - nicht gegeben hätte, die die Lage der Frau im Islam und die Meinung der Gelehrten und Interpreten untersucht hätten, wären sie wahrscheinlich bis heute einem breiteren Publikum erspart geblieben.

Das Schiitentum ist, mindestens bevor Khomeini sich als »Walie Faghieh« - religiöses Oberhaupt - bezeichnete, eine demokratisch strukturierte Glaubensrichtung gewesen. Jeder schiitische Gelehrte, wenn er den Grad der »Edgtehad« erlangt hat, ist berechtigt, die islamischen Regeln und Lebensgrundsätze zu interpretieren. Alle Gelehrten haben gleiche Rechte. Ihre Macht und ihr Einfluß wächst und sinkt mit ihrer Anhängerschaft und mit »Khoms«, den religiösen Abgaben, die ihre Anhänger ihnen, als ihren vertrauten religiösen Führer schenken.

Jeder erwachsene Islamanhänger ist berechtigt, seinen vertrauten Gelehrten frei auszusuchen und nach seiner Interpretation die religiösen Pflichten auszuüben und nach von ihm bestimmten Verhaltensregeln zu leben. Die Anhängerschaft ist nirgendwo registriert, so daß der Anhänger von heute auf morgen seinen religiösen Führer verlassen und sich einem anderen anschließen kann. Viele Muslime haben sich keine Gedanken über ihre religiösen Führer gemacht und haben keinen, dem sie besonders vertrauen, und sie zahlen auch keine religiösen Abgaben.

Die Mehrheit der Bevölkerung hat sich mit Interpretationen verschiedener Gelehrter nicht beschäftigt und ist über ihre Ansichten nicht informiert.

Für sie werden diese Ansichten erst dann relevant, wenn sie in Gesetzen oder Verordnungen umgeschrieben sind, und sie sich danach verhalten müssen.

Die Stellung der Frau
in der Familie

Iran ist ein Land, das fast fünfmal so groß ist wie das vereinigte Deutschland und von verschiedenen Volksgruppen mit ihrer eigenen Sprache und Kultur bewohnt wird.

Die Hälfte der IranerInnen leben in den Städten, der Rest wohnt in Dörfern oder sind Nomaden. Die persische Sprache dominiert vor allem in den Städten.

Die Stellung der Frau unterscheidet sich nach Volksgruppe, religiöser Zugehörigkeit oder der Größe des Wohnortes und den Produktionsformen.

Hier möchte ich die Stellung der Frau in den städtischen Familien beschreiben, die mit Einschränkungen und Abweichungen auch in anderen Gebieten richtungsweisend ist.

Die Frauen bilden den emotionalen Mittelpunkt der Familie. Sie heiraten früh und bekommen oft in frühen Jahren ihre Kinder. Die Kinderzahl, wenn sie nicht gerade einer dünnen Schicht der gebildeten Familien angehören, liegt in der Regel zwischen drei und sieben.

Die Mehrheit der Frauen sind entweder nicht berufstätig oder sie üben, z.B. als Haushaltshilfe, nur gelegentlich eine außerhäusliche Arbeit aus. Wenn Frauen kleinere Kinder haben, ist die Hausfrauenarbeit eine tagesfüllende Beschäftigung.

Die meisten Familien leben in Einzelhäusern. Je nachdem, ob sie wohlhabend sind oder nicht, leben sie in Villen, weniger vornehmen älteren Häusern, in Ziegelstein- und Lehmhäusern oder Baracken. Es gibt nur in Großstädten und auch dort nur wenige Miet- oder Eigentumswohnungen. Diese Wohnungen sind meistens in Neubauten, die mit hohem Komfort ausgestattet und daher sehr teuer sind.

Nur die reichen bzw. mittelständischen Familien besitzen einige Maschinen und Geräte, wie Waschmaschine und Staubsauger, die die Lasten der Hausarbeit verringern. Die meisten ärmeren Schichten müssen die teuren Hausgeräte entbehren.

Wenn man noch dazu bedenkt, daß sehr viele Nahrungsmittel wie Hülsenfrüchte, Reis und Gemüse unverarbeitet auf dem Markt angeboten werden, so daß die Hausfrauen stundenlang vor dem Kochen den Reis von unenthülsten Körnern säubern, die vielseitig verwendeten Gemüse und Kräuter von deren ungenießbaren Teilen trennen und Hülsenfrüchte nach Steinchen durchsehen müssen, weiß man, daß dort der Hausarbeit und Kinderversorgung ganz andere zeitliche Maßstäbe zugrunde liegen. Sehr wenige Männer arbeiten tatsächlich nur 40 oder 45 Stunden in der Woche. Es ist normal, daß Familienväter nicht nur an einem Arbeitsplatz beschäftigt sind. Die meisten städtischen Bediensteten oder Menschen, die in Großfirmen arbeiten und geregelte Arbeitszeiten und festes Einkommen haben, üben ein bis zwei weitere Nebenbeschäftigungen aus, weil sie nur mit einem Lohn oder Gehalt ihre Familie nicht ernähren können. Andere Menschen, die als Bauarbeiter, Träger, Kleinhändler und Straßenverkäufer arbeiten oder ihr eigenes Geschäft oder kleinere Firma haben, sind ebenfalls darauf angewiesen, viele Zusatzstunden zu arbeiten, um das nötige Geld zu verdienen.

Früher war es üblich, daß ein verheiratetes Paar noch lange in einer Großfamilie, meistens zusammen mit den Eltern des Ehemannes, wohnte. Drei Generationen, öfters auch mit einem allein gebliebenen älteren oder jüngeren Familienmitglied, haben in einem Haus und unter demselben Dach zusammengelebt, solange bis der junge Familienvater in der Lage war, ein eigenes Haus zu kaufen. Seit einigen Jahrzehnten ist die Großfamilie im Begriff auszusterben. Aber in den letzten zehn Jahren sind die jungen Familien wieder verstärkt gezwungen, diesmal aus Not, weil die Häuser und Wohnungen fast unbezahlbar sind, bei ihren Eltern zu wohnen.

Auch wenn die Familie nur aus Eltern und Kindern besteht, lebt sie nicht so isoliert, wie das in den europäischen und anderen entwickelten Industrieländern der Fall ist. Es gibt immer eine unverheiratete Schwester, eine ältere Tante oder eine entfernte Verwandte, deren Eltern in einer anderen Stadt leben, oder ein verwitwetes Elternteil, das vorübergehend oder auch für immer bei der Familie wohnt.

Außerdem ist das einzige Vergnügen, das man sich in nicht wohlhabenden Familien noch leisten kann, die Verwandten oder Freunde einzuladen oder sie zu besuchen.

Wenn man die einzelnen Schilderungen aneinanderreiht, ergibt sich ein Bild, das anhand des folgenden Beispiels veranschaulicht werden soll:

Ein kleinerer Bankangestellter arbeitet jeden Tag von 7.30 bis 14 Uhr in der Bank. Dies tut er sechs Tage in der Woche. Er muß eine Nebenbeschäftigung ausüben, weil er sonst seine Familie nicht ernähren kann. Er arbeitet also von 14.30 bis 19 Uhr als Buchhalter und Mann für alles in einem Autohaus, das dem Schwager seiner Frau gehört. Daneben handelt er selbst mit Gebrauchtwagen. Wenn er Zeit und Gelegenheit findet, kauft er ein Auto, läßt es technisch und optisch in Ordnung bringen und verkauft es wieder. Die Frau hat drei kleine Kinder, die sie versorgen muß. Das Ehepaar lebt im eigenen Haus, dessen Raten noch bezahlt werden müssen. Da der Vater des Ehemannes schon gestorben ist, lebt die Mutter zwar bei ihrem älteren Sohn, aber sie besucht einige Male im Monat die Familie und bleibt jedesmal einige Tage bei ihnen.

Eine unverheiratete Schwester der Ehefrau, die zwei Straßen weiter einen Sprachkurs besucht, kommt mindestens einmal in der Woche, um ihre süßen Neffen und Nichten zu besuchen und übernachtet auch öfters dort. Am Wochenende, wenn die Schwiegermutter da ist, besuchen die anderen Geschwister des Mannes die Familie. Wenn die Familie keinen Besuch hat, wollen die Kinder zu ihren Großeltern mütterlicherseits, weil sie dort mit ihren Cousinen und Cousins, die ebenfalls am Freitag die Großeltern besuchen, spielen wollen.

Das war ein konstruiertes, frei erfundenes Beispiel, das aber genauso oder ähnlich das Leben der mittelständischen Familien wiedergibt.

Für die Kinder ist die Mutter die Hauptbezugsperson. Sie kocht für sie, streichelt sie, kann entscheiden, ob sie ihre gewünschten Kuchen- oder Obstsorte haben dürfen oder nicht, und schlägt sie schließlich, wenn sie ihre »kleinen« Brüder oder Schwestern ärgern und ihnen ein Spielzeug wegnehmen, oder wenn sie ständig rufen und ihr am Rockzipfel hängen.

Der Vater ist hingegen der Mann, der abends müde nach Hause kommt, sich hinter der Zeitung versteckt oder die Fernsehnachrichten sieht und wenn die Kinder laut sind, sie beschimpft. Es gibt auch schöne Stunden, die sie mit dem Mann verbringen, aber sie sind viel zu kurz und selten.

Er weiß vieles nicht, er weiß nicht, wie man einen Brei kocht und wie er ein Kind anzieht, ohne daß es weh tut, er kann auch nicht so gut Märchen erzählen.

Wenn es mal zu Hause Streit gibt und die Mutter weint, ist man ihm böse und man liebt ihn noch weniger, und wenn sie größer werden, so denken sie, wird die Mutter niemals mehr weinen.

Dieses Ehepaar, angenommen sie verstehen sich nicht besonders gut, hat kaum Zeit und Gelegenheit sich zu streiten. Außerdem sind sie ja oft nicht alleine. In Gegenwart der Gäste streitet man sich zwar auch, aber die Schmerzgrenze, die jeder ertragen kann ohne zu platzen, liegt ein wenig höher. Auf jeden Fall wird es nicht so häufig zu Gewalttätigkeiten kommen. Nicht weil iranische Männer bessere Männer sind, sondern weil immer ein Zuschauer da ist. Auch wenn kein unmittelbarer Zuschauer außer den Kindern da ist, fühlt er sich beobachtet. Der nächste Besuch der Schwiegermutter ist nicht weit. Keiner möchte als ein brutaler Gewalttäter dastehen. Was würde sein eigener Bruder dazu sagen?

* * *

In der Bundesrepublik ist die Situation eine ganz andere. Die Kinder gehen um 8 Uhr oder noch früher schlafen. Das Ehepaar hat jeden Abend einige Stunden Zeit, um sich zu verwöhnen oder miteinander zu streiten, um miteinander zu sprechen, einander näher zu kommen oder sich zu entfernen. Der Mann hat dann die Möglichkeit, in die Kneipe um die Ecke zu gehen, andere Frauen kennenzulernen und seine Beziehung noch mehr in Frage zu stellen und unbesorgt eine Nebenbeziehung anzufangen. Wenn die Ehe nicht mehr funktioniert und wenn man jede Woche zwei volle Tage Zeit hat, um diese gemeinsam zu verbringen, und wenn man Bohnen aus der Dose und Pizza aus dem Tiefkühlschrank herausholen kann, so fehlt nur noch das Bier aus der Dose und der Streit kann beginnen.

»Ich möchte kein Fußball sehen«, oder »Krimis mag ich nicht«, und wenn der Mann schon eins getrunken hat, wird der Fußballstar der einzige Zuschauer sein, wenn er zu Gewalt greift.

Ich verteufele nicht den technischen Fortschritt, der tatsächlich auch Frauen bei der Hausarbeit eine große Hilfe ist, und die Arbeitszeitverkürzung, die die Gewerkschaften in vielen Jahrzehnten erkämpft haben. Ich möchte auch nicht die Armut verherrlichen, ein Land, in dem man zehn oder zwölf Stunden am Tag zu arbeiten hat und keine Kraft mehr besitzt zu streiten und aus Armutsgründen ständig nur ans Überleben denkt und keine Wahl hat, einen unpassenden Partner loszuwerden.

Ich versuche nur, die Stellung der Frau in einer durchschnittlichen mittelständischen Familie zu beschreiben und die Theorie zu relativieren, daß die Frau erst dann frei und glücklich werden kann, wenn sie einen Beruf ausübt und finanziell unabhängig ist. Grundsätzlich stimme ich dieser Vorstellung zu, aber das Leben und die zwischenmenschlichen und zwischengeschlechtlichen Beziehungen sind so kompliziert und es spielen so viele Faktoren eine Rolle, daß man dies nicht so einfach und absolut behaupten kann.

* * *

Wenn Kinder erwachsen sind, bleiben sie in der Regel, solange sie nicht verheiratet sind - egal wie alt sie werden - bei der Familie.

Sind die Kinder alle verheiratet und haben schon eine eigene Wohnung, bedeutet dies nicht, daß die Eltern tatsächlich zu zweit leben. In dreimonatigen Sommerferien kommen die Enkelkinder, und sonst gibt es immer ein jüngeres Enkelkind, das zur »Aufbewahrung« zu den Großeltern gebracht wird. Viele berufstätige Mütter tun dies sogar täglich.

Wenn die Kinder abgeholt werden, wird meistens noch zusammen gegessen, mindestens sitzt man eine Weile zusammen, trinkt Tee und redet miteinander.

Die Familie strahlt in der Regel eine angenehme Wärme aus. Die Menschen verbringen, wenn sie nicht gerade arbeiten, ihre Zeit zusammen. Der Altersunterschied zwischen den Generationen ist nicht sehr groß. Ein 45- bis 50-jähriges Paar hat oft 20- bis 30-jährige Kinder und viele Enkelkinder, die schon zum Teil 10 bis 14 Jahre alt sind. Die Familie trifft sich mindestens einmal in der Woche, am arbeitsfreien Freitag, bei den Großeltern oder bei einem ihrer Söhne und Töchter.

In der Großfamilie versucht jeder dem anderen zu helfen. Die Großmutter strickt für ihre Enkelkinder und beaufsichtigt sie, die Tochter, weil ihr Mann ein Auto besitzt, kauft Reis und andere unverderbliche Nahrungsmittel für ihre Mutter, damit sie diese nicht zu schleppen braucht. Jeder setzt in der Regel alles, was er hat, für die Familie ein. Es sind meistens Frauen die dies tun. Die Männer sind mit ihrem Beruf beschäftigt. Die Frauen bilden das emotionale Rückgrat der Großfamilie.

In der Regel werden die Männer als Verantwortliche für die Versorgung der Familie angesehen. Die islamischen Regeln schreiben dies vor. Es gibt genügend religiöse Regeln, die nicht eingehalten oder gar vergessen werden, aber dies gilt stillschweigend als ein ungeschriebenes Gesetz. Wenn ein unangemeldeter Besucher kommt und das Haus nicht gründlich geputzt ist, oder wenn nur ein einfaches kaltes Essen auf dem Tisch steht, auch wenn beide Eheleute berufstätig sind, fühlt die Frau sich für Dreck, Unordnung und einfaches Essen verantwortlich und wird sich deshalb wahrscheinlich schämen.

Entsprechend ist es, wenn beide Partner berufstätig sind und das Kind zerrissene Schuhe anhat. Dafür wird sich nur der Vater verantwortlich fühlen. Andere werden denken, er ist nicht in der Lage, seine Familie zu versorgen.

Früher, als es den Menschen in Iran materiell nicht so schlecht ging, war es nicht selten, daß die Frau ihr Einkommen als ihr Taschengeld oder ihr Privateigentum ansah, das sie sparen konnte. Nach dem Motto, 'wenn ich berufstätig sein will, ist das meine Sache, der Mann ist trotzdem verpflichtet, für die ganze Familie zu sorgen'. Dies ist heute fast nicht mehr möglich, weil jeder verdiente Rial in der Familie gebraucht wird.

* * *

Iranische Frauen machen in vielen Fällen trotz ihrer Rechtlosigkeit einen selbstbewußten Eindruck. Dies ist mir aufgefallen, als ich Wochen nach meiner Ankunft im Iran, Frauen, die auf spontanen Versammlungen, auf der Straße oder auf dem Universitätsgelände zusammengekommen waren, diskutieren sah.

Weil ich zuvor jahrelang in Berlin gelebt habe, habe ich sie automatisch mit bundesrepublikanischen Frauen verglichen. Es ist mir aufgefallen, daß sie trotz ihrer Rechtlosigkeit viel selbstbewußter auftreten als ich es in der Bundesrepublik gewohnt war.

Ich hatte damals noch vorgefertigte Meinungen im Kopf, »solange die Frauen nicht finanziell von den Männern unabhängig sind ...«, und ich wunderte mich und suchte nach den Gründen, warum eine iranische Frau, eine Hausfrau mit nur wenig Bildung, fest und unerschütterlich wie ein Felsen dasteht und ihre Meinung vertritt. Die revolutionäre Euphorie könnte ein Grund dafür sein, aber bestimmt nicht der einzige.

In der alten Bundesrepublik und in vielen europäischen Ländern sind Frauen öfters berufstätig, sie sind finanziell von ihren Männern unabhängig, sie sind frei, um die Unterdrückung innerhalb der Familie nicht lange zu ertragen, sie können frei entscheiden, sich von ihrem Mann zu trennen. Sie sind dann frei und leben meistens mit ihren Kindern allein. Sie dürfen jeden Morgen ihre Kinder zum Kindergarten bringen. Wenn der Mann nicht oder nur wenig zum Lebensunterhalt der Kinder beitragen kann oder will, müssen sie noch länger arbeiten.

Solange die Kinder klein sind, dürfen sie jeden Nachmittag die Kinder von der Kindertagesstätte abholen, einkaufen und sie versorgen. Sie können kaum abends ausgehen, entweder weil sie zu müde sind oder das Geld für einen Babysitter nicht ausreicht. Wenn sie kein Glück haben, können sie nirgendwo eine neue Liebe finden, es sei denn, daß sie krank werden, in ein Krankenhaus kommen und sich in den Arzt oder Pfleger verlieben, oder ihre Firma einen neuen Hausmeister einstellt, oder ein neuer Bäcker in ihre Straße zieht. Ich habe natürlich die Fernseh-»Partnerwahl« und Zeitungsannouncen vergessen.

Sie dürfen sehr viel Zeit für ihr attraktives Äußeres verwenden, Frauenzeitschriften kaufen und sich nach der neuesten Mode frisieren und ein entsprechendes Make-up tragen. Wenn sie keine Kinder und mehr Zeit haben, dürfen sie sich auch dem Training ihres Körpers widmen, damit sie fit bleiben und auf dem freien Konkurrenzmarkt doch einen Freund oder Mann finden. Sie dürfen alleine verreisen, alleine bis Mitternacht oder noch später in den Kneipen sich herumtreiben, sie sind frei, sich Frauenliteratur zu kaufen, sie zu lesen, sich über die immer wachsende Zahl von Vergewaltigungen zu ärgern, sich zu organisieren und ohne Liebe zu leben.

Natürlich habe ich das alles nicht nur spöttisch gemeint. Schließlich lebe ich auch mehr oder weniger als eine emanzipierte Frau und nicht als eine »behütete« iranische Frau, die nur der emotionale Mittelpunkt der Familie ist.

Ich versuchte nur, die vorgefertigte Meinung und pauschale Vorstellungen von Emanzipation zu relativieren.

Ich finde es schrecklich, daß Frauen im Iran vorgeschrieben wird, welche Kleidung sie zu tragen haben und sie nur schwarze, braune und dunkelblaue Kopftücher anziehen dürfen, aber fast so schlimm finde ich es, wenn die Götter der Modebranche, es sind ja auch meistens nur Männer, den Frauen vorschreiben, welchen Haarschnitt sie in dieser Saison tragen dürfen, welche Lidschatten dazu passen und wie die Länge ihrer Röcke und die Höhe ihrer Absätze durch eine Handbewegung nach oben oder nach unten rutschen.

Ich liebe Farben und ich liebe Schönheit. Es ist wunderbar, wenn Frauen wie auch Männer versuchen, durch Farben und Formen ihr Äußeres zu verschönern, wenn sie Freude daran haben, anders oder schöner auszusehen. Aber wenn eine Frau meint, ohne Lidschatten könnte sie nicht bei der Arbeit erscheinen, wenn sie sich stundenlang in Geschäften herumtreibt, nur weil sie meint, in den Kleidern, die sie bereits besitzt, könne sie sich nicht in der Oper sehen lassen, wenn sie ihre kostbare Zeit damit vergeudet, sich nicht aus Freude und für sich, sondern als gesellschaftliche Pflichtübung für andere, herauszuputzen, sehe ich nur wenig Unterschied zwischen sich Herausputzen auf Befehl - auch wenn es nur ein unsichtbarer Befehl und ein ungeschriebenes Gesetz ist - und sich mit bestimmter Kleidung und mit Kopftücher bedecken - auch auf Befehl.

* * *

Es mag sein, daß das von mir gezeichnete Bild der iranischen Familie als zu schön erscheint. Das ist *ein* wahres Gesicht der iranischen Familie. Die iranischen Familien haben aber viele Gesichter.

Was ich auf jeden Fall vermeiden möchte, ist eine Pauschalierung: einerseits die iranischen Frauen, die in ihren Familien gut aufgehoben sind, die den emotionalen Mittelpunkt der Familie bilden und glücklich mit ihren Kindern und dann auch Enkelkindern leben, und andererseits die deutschen Frauen, die draußen und zu Hause arbeiten müssen, viele Freiheiten haben, aber schließlich sogar in der »freien« Konkurrenz ihres Liebeslebens aufgrund gesellschaftlicher Bedingungen den Männern unterlegen bleiben.

Es gibt in ganz Iran genügend mittelständische und wohlhabende Familien, in denen Frauen ohne Erlaubnis ihres Mannes nicht einmal ein Kleid für sich kaufen können, von ihren Männern oder auch sogar - viel seltener - von ihren Söhnen geschlagen werden, ohne Einwilligung ihrer Männer nicht einmal ihre Schwester besuchen dürfen, und die in ihrem ganzen Leben keine sexuelle Befriedigung kannten.

In »Torkaman Sahra« - im Nordosten Irans - werden in einigen Gebieten beim Essen zuerst die Männer bedient. Wenn sie sich satt gegessen haben, essen Frauen und Kinder den Rest.

In kurdischen Gebieten, wo die Frauen meist viele Kinder haben, müssen sie Holz für Kochen und Heizen sammeln, das sie in großen Bündeln auf ihrem Rücken tragen, sie müssen das Vieh füttern und melken, kochen und nähen. In vielen Dörfern Irans werden die Mädchen mit vier oder fünf Jahren schon vor ein Teppichgerüst gesetzt, wo sie zehn Stunden am Tag Teppiche knüpfen müssen. In sehr vielen Dörfern haben Frauen neben ihrer Haustätigkeit und der Versorgung von Vieh und Garten noch einen Teppich in der Stube, an dem sie gelegentlich knüpfen.

In Nord-Iran, wo Tee und Reis angebaut wird, sind es hauptsächlich Frauen, die oft mit ihren Babys auf dem Rücken stundenlang in Reisfeldern im sumpfigen Wasser stehen und Reiskörner einzeln einpflanzen oder auf den Feldern Teeblätter sammeln.

In diesen Gebieten sieht man öfters Männer, die in Cafehäusern herumsitzen. Dementsprechend haben die Frauen am Kaspischen Meer auch mehr zu sagen. In ganz Iran werden deshalb unzählige Witze über die Männer in diesen Gebieten erzählt, in denen ihre »Männlichkeit« in Frage gestellt wird.

Obwohl die große Mehrheit der iranischen Dorfbewohner Islamanhänger sind, sind die fanatischen Regeln, wie sie von manchen Gelehrten vorgeschrieben werden, in den Dörfern nie eingehalten worden bzw. waren den Dorfbewohnern völlig unbekannt. Regeln in bezug auf Kopfbedeckung werden auch heute in den Dörfern nicht so streng genommen wie in den größeren Städten.

Keine Bauersfrau kommt auf die Idee ihren Mann zu fragen, ob sie das Haus verlassen darf. Das sind nur »Luxusregeln«, um die sich die bessergestellte fanatische städtische Mittelschicht kümmern kann. Auch die Beziehung zwischen Mann und Frau wird dort großzügiger gehandhabt. Kaum wird dort eine Frau ausgepeitscht, nur weil sie zusammen mit einem Bauern aus der Nachbarschaft zu ihrem Feld gelaufen ist, und kaum ein armer Bauer kommt auf die Idee, zwei Frauen zu heiraten, weil er gar nicht weiß, wie er seine Kinder aus der ersten Ehe satt kriegen kann.

* * *

Die durch die islamischen Regeln gegebenen Möglichkeiten, wie Mehrehe oder eine frühe Heirat und Vergewaltigung von kleinen Mädchen durch ihre gesetzlichen Ehemänner, werden nicht sehr häufig ausgenutzt. Vergewaltigungen von Kindern kommen nicht häufiger vor als sexuelle Mißhandlung der Kinder in Europa. Diese Feststellung soll nicht als Entschuldigung dieser Regeln verstanden werden. Es ist schlimm genug, wenn ein einziges Mädchen ein solches Schicksal erfährt. Meine Absicht ist, ein realistisches Bild und das Ausmaß der Katastrophe wiederzugeben.

Männer, die mehr als eine Frau haben, kannte ich drei im Iran. Nur einer von ihnen hat offiziell mit zwei Frauen zusammengelebt. Eine seiner Frauen war eine entfernte Verwandte von mir. Ich habe sie als kleines Kind einmal irgendwo gesehen, und man erzählte mir die Sensation: ihr Mann lebt mit zwei Frauen zusammen.

Die beiden anderen führten offiziell nur ein monogames Leben. Keine der Freunde oder Verwandten wußte, daß beide Männer eine Neben-Frau hatten. Und wenn sie es wußten, haben sie nie darüber gesprochen. Erst als der eine gestorben war, wußte man mehr. Die Kinder aus der zweiten Ehe sind erschienen und haben ihren Anteil verlangt!

Der dritte Mann hatte eine wunderschöne Frau und fünf gesunde Kinder, die er sehr liebte. Einige ahnten aber, daß etwas mit ihm nicht in Ordnung ist. Ob er eine Freundin hat, eine Zeit-Ehe eingegangen ist oder geheiratet hat, war niemandem, nicht einmal seinen erwachsenen Kindern, bekannt. Erst nach seinem Tod, erschien eine Todesanzeige mit einem Bild des gestorbenen Mannes und einem Text der zweiten Frau, was die Familie als Blamage auffaßte.

Während meines Aufenthalts in Berlin habe ich einen weiteren Fall kennengelernt, Eltern von einem mit mir befreundeten Studenten.

* * *

Mit meinen Schilderungen über das Leben der iranischen Frauen und der Gegenüberstellung mit dem »freien« Leben der Frauen in den Industrieländern habe ich versucht, die Zustände, wie ich sie sehe, zu beschreiben. Ich möchte hier weder emanzipatorische Versuche der europäischen Frauen in Frage stellen, noch eine andere Lebensform als Modell idealisieren. Ich versuchte nur zu beschreiben, warum man Emanzipation und Glück der Menschen in verschiedenen Ecken der Welt nicht mit einem einzigen Maßstab messen kann.

Gesellschaftliche Stellung der Frau

Der Schah versuchte durch seine als »Weiße Revolution« bezeichneten Reformen im Jahre 1963 unter anderem durch eine Bodenreform die Industrialisierung voranzutreiben. Teil seiner Reformmaßnahmen war der Aufbau einer »Gesundheitsarmee«, die aus Abiturienten beiderlei Geschlechts bestand. Sie gingen in die Dörfer, um die Bevölkerung über Hygiene und Gesundheit aufzuklären. Schon damals existierte in den Städten eine beachtliche Anzahl von Frauen, die berufstätig waren.

Trotzdem war es nicht einfach, eine junge Frau von 18 oder 20 Jahren ganz allein, in ein Dorf, weit entfernt von ihren Eltern, zu schicken, besonders in Dörfer und entlegene Gebiete, wo die Männer wahrhaftig nicht daran gewöhnt waren, alleinreisende Frauen zu akzeptieren.

Schon damals sind einige Frauen-Organisationen gegründet worden, die hauptsächlich durch Schwestern des Schahs geführt wurden. Ihre Aufgabe war, die Frauen auf die von oben gewünschte »Gleichberechtigung« vorzubereiten und sie dem Arbeitsmarkt zur Verfügung zu stellen. Die Frauen besaßen bereits Wahlrecht und sind in das Parlament gewählt worden. Eine weibliche Ministerin hat das Bild der »Gleichberechtigung« vollendet.

Einige gesetzliche Reformen, wie z.B. die Einschränkung der Mehrehe für Männer, Berufung der »Familiengerichte«, die statt der Ehemänner über die Scheidung und das Sorgerecht urteilten, waren weitere Maßnahmen, die die »Modernisierung« der Gesellschaft vorantreiben sollten.

Der Schah besaß trotzdem nicht das Vertrauen der Frauen.

Einerseits waren es gebildete, berufstätige, moderne Frauen, die mehr Rechte und Freiheiten sich wünschten und nicht mehr, trotz dem Schein der Reformen, unter einer mittelalterlichen Gewaltherrschaft leben wollten. Sie haben sich für Meinungsfreiheit eingesetzt und wandten sich gegen Folterungen und Hinrichtungen. Andererseits waren es traditionelle Frauen die die schnellen Veränderungen, u. a. was Moral und Tradition betrifft, nicht verkraften konnten.

Der Schah und seine Schwestern waren für sie ein korruptes Pack, das nur in der Lage war, das Land mit einer verrückten Geschwindigkeit in die Verdorbenheit zu führen. Die Schwestern des Schah galten für sie als Huren.

Außereheliche Beziehungen waren für die obersten Schichten kein Tabu mehr. Bei ihren häufig veranstalteten Bällen zeigten sich die Frauen am liebsten in Kosmetik gebadet und halbnackt.

Es gab auch unzählige Nachtlokale mit billigen Sängerinnen für das »einfache Volk«. Iranische Kinofilme bestanden hauptsächlich aus gutaussehenden jungen Frauen, die keine andere Kunst besaßen, als sich auszuziehen und beim Tanzen ihren Körper in richtigen Kurven zu bewegen, und aus starken Männern, die um sie kämpften.

Alles drohte zu »verderben«. Man hat sogar in einem der Festspiele einen Geschlechtsakt als modernes Theater auf offener Straße vorgeführt. Das alles war zu viel, besonders für Frauen, die daran nicht teilhaben konnten. Sie besaßen nur einen einzigen »Chador« (Schleier), mit dem sie ihre Armut verstecken konnten.

Sie merkten aber, daß ihre Männer gern geschminkte Frauen, die gut rochen und kurze Röcke anzogen, auf der Straße anschauten. Die Männer hatten auch ab und zu einige Tuman übrig, um einen der genannten Filme zu sehen. Auch mal ein paar »Tuman« mehr, um bei einem Fläschchen billigen »Aragh« (iranischer Schnaps) eine dieser lebendigen »Puppen« mit zarter Haut und gefärbten Fingernägeln in einem der billigen Nachtlokale sehen zu können. Es gab auch einen gut funktionierenden »Schahreno«, der Stadtteil Teherans, mit Bordellen aller Preislagen.

Das konnte nicht lange gut gehen.

Nur durch diese Umstände kann ich mir erklären, warum so viele Frauen Khomeini an die Macht verholfen haben.

Zwei verschiedene, in ihren Zielen sich widersprechende, Teile der Bevölkerung hatten sich vor der Revolution zusammengetan, jeder aus seiner eigenen Motivation heraus, um den Schah zu stürzen. Und sie hatten Erfolg; aber die traditionellen Kräfte mehr als die anderen.

Khomeini hat von seinem Pariser Exil aus versprochen, er würde sich für die Gleichberechtigung zwischen Mann und Frau einsetzen. Viele Menschen, die seine Schriften nicht kannten, glaubten dies und unterstützten ihn weiter. Teile der linken Oppositionellen haben ihn aus anderen Gründen unterstützt. Sie meinten, unser Hauptfeind ist der US-Imperialismus, wir unterstützen Khomeini, weil er auch ein Anti-Imperialist ist.

Am 11. Februar 1979 hat Khomeini endgültig die Macht übernommen.

Einen Monat später, am 8. März, hielt er eine Radioansprache und verkündete, daß in Zukunft die Frauen Kopftücher oder Schleier tragen müßten.

Der 8. März 1979 war ein spätwinterlicher Tag, an dem es schneite. Bis zum Nachmittag waren es tausende Schülerinnen, die ihre Empörung durch einen spontanen Marsch in den Teheraner Straßen demonstrierten. Überall in der Stadt liefen die halbwüchsigen und jungen Mädchen mit nacktem Haupt unter den saftigen und schweren Schneeflocken vorwärts, zeigten ihre Fäuste und riefen Parolen.

Der Rest des März war durch häufige Frauendemonstrationen und Kundgebungen gekennzeichnet.

Inzwischen waren viele Frauenorganisationen unter anderem »Ettehade Melli Zanan« gegründet worden. Alles hatte eine unglaublich rasante Geschwindigkeit. Schon am 12. März haben verschiedene, erst seit einigen Tagen oder Wochen bestehende Frauenorganisationen sich zu einer Demonstration vor der Teheraner Universität zusammengefunden. Obwohl sie nach der Kundgebung ihre ursprüngliche Idee, zum »Meidan Azadi« (Platz der Freiheit) zu marschieren, aufgaben, marschierten an diesem Tag 20.000 aufgebrachte Frauen zum Platz der Freiheit. Anschließend ging ein Teil der Demonstrantinnen zur Städtischen Fernsehanstalt und protestierte dort weiter.

Unterwegs wurden die Frauen von »Hizbollah« (Parteigänger Gottes), die sich bereits rekrutiert hatten, als Huren und verdorbene Schah-Anhänger beschimpft und mit Fäusten und Messern bedroht und geschlagen. Die Frauen aber blieben hartnäckig, demonstrierten weiter und trugen keine Kopftücher.

In diesen Demonstrationen gegen den Schleierzwang marschierten viele verschleierte Frauen mit. Öfters trugen die Mütter, aus Tradition oder Gewohnheit, noch Schleier, aber ihre erwachsenen Töchter bewegten sich ohne Kopftücher oder Schleier.

Viele Mütter machten sich deshalb Sorgen um ihre Töchter und wollten nicht, daß - wenn sie die Entscheidung, Schleier ja oder nein, ihren Töchtern überließen - nun der Staat oder ein Pack von fanatischen Rowdys und Schlägern dies für sie entschieden. Schließlich mußte die Regierung nach zahlreichen Demonstrationen und Aktionen ihre fanatischen Schläger zur Ordnung rufen. Die Frauen hatten sich für einige Jahre durchgesetzt und trugen kein Kopftuch.

Dies war aber nicht der einzige Versuch der islamischen Regierung zur Einschüchterung und Benachteiligung der Frau.

Schon während der ersten drei Monate nach der Revolution hat die Regierung die Zuschüsse für Kindertagesstätten in vielen größeren städtischen Einrichtungen und Ministerien gestrichen. Frauen aus diesen Einrichtungen und Institutionen schlossen sich zusammen und schrieben zahlreiche Protestbriefe, die aber nichts nutzten. Viele Frauen mußten deshalb ihre berufliche Tätigkeit aufgeben.

Am 9. Juni 1979 haben die Juristinnen, die als Referendare in der Richterausbildung waren, im Teheraner Justizpalast einen Sitzstreik organisiert, weil sie von der Abschlußzeremonie der Referendare ausgeschlossen worden waren. Nach islamischen Regeln durften die Frauen nicht als Richterinnen fungieren.

Viele Frauenorganisationen und Einzelpersonen haben die Referendarinnen Tag und Nacht begleitet und unterstützt. Das blieb aber ergebnislos. Wieder sind die fanatischen Hizbollahs mit ihren Messern und Steinen erschienen und haben die rein- und rausgehenden Frauen als Huren beschimpft, bedroht und verletzt.

Am 6. Juni 1979 gab es eine Weisung, die alle staatlichen Institutionen und Schulen zugeschickt wurde. Danach durfte keine Frau ab dem 8. Juni ohne islamische Kleidung die Gebäude dieser Institutionen betreten. An der Pforte standen Revolutionswächterinnen, die die Frauen auf die Rechtmäßigkeit ihrer Kleidung prüften. Diese Bestimmung galt auch für Besucherinnen.

Öfters durften sich Frauen nicht einmal ein paar Briefmarken von der Post holen oder in ihre Postfächer schauen, weil ihre Strümpfe angeblich durchsichtig waren, ihre Kopftücher nicht die richtige Farbe hatten oder ihre »islamischen« Mäntel nicht weit genug geschnitten waren.

So hat die islamische Regierung die Frauen langsam aber sicher auf den Schleierzwang, auch auf der Straße, vorbereitet. Nachdem Frauen monatelang zunächst die Ministerien und staatlichen Institutionen, dann alle anderen öffentlichen Einrichtungen, wie Banken, Schulen, Fabriken, Postämter und sogar größere Supermärkte, nicht ohne Schleier betreten durften, war es keine größere Umstellung mehr, als die Regierung den Schleierzwang auch auf der Straße einführte.

Schon im Sommer 1979 wurden die Strände am Kaspischen Meer für Männer und Frauen getrennt. Vorhänge oder bis tief in das Wasser hineinreichende Strohmatten sorgten dafür, daß Männer und Frauen sich beim Baden nicht sehen konnten. Die Frauen durften trotz der Trennung nur mit islamischer Kleidung baden! Für viele Frauen war das Baden mit Mantel und Kopftuch so eine Qual und der Kleiderzwang so erniedrigend, daß sie unter diesen Umständen ganz darauf verzichtet haben.

Kurz nach der Revolution gab es mehrere Angriffe und Überfälle auf »Schahreno«, das Bordellviertel Teherans. Die Fanatiker haben bei Angriffen einige Häuser in Brand gesteckt. Es gab Tote und Verletzte, schließlich hat die »Moral- und Ordnungsbehörde« - »Daiereh Mobareze ba Monkerat« - dieses Viertel am 15. November 1979 endgültig geschlossen. Bei den Protesten der Frauen, die sich gegen die Schließung wehren wollten, ist eine Frau ums Leben gekommen. Die gesetzliche Prostitution, in Form der Zeit»ehe«, wird jetzt unter der Aufsicht der Mullahs nun in der ganzen Stadt betrieben. Die Zeit»ehe« kann für eine Stunde oder drei, für einen Tag oder länger geschlossen werden. Wichtig ist dabei, daß bei der »Eheschließung« eine bestimmte Zeit und ein bestimmter Betrag, den der Mann an die Frau zahlt, vereinbart wird.

Schon einige Wochen nach der Revolution hieß es, Männer und Frauen dürfen nur getrennt Sport treiben. Praktisch bedeutete dies, weil plötzlich nicht doppelt soviele Sportplätze zur Verfügung standen und die Zahl der sporttreibenden Frauen ohnehin geringer war, daß die Frauen zugunsten der Männer von den Sportplätzen vertrieben wurden.

Einmal habe ich im Sommer 1981 bei einer Bergwanderung, der einzigen sportlichen Aktivität, die noch erlaubt war, meinen Fuß verstaucht. Der Arzt sagte, ich müßte viel Schwimmen, wenn ich schneller wieder beschwerdenlos laufen wollte.

Ich habe herumgefragt und festgestellt, daß von allen öffentlichen Schwimmbädern, die in Teheran existierten, nur eins für Frauen geöffnet war. Es lag in der Mirdamad Straße. Ich bin an einem heißen Sommernachmittag dort hingefahren. Die Straße am Schwimmbad war erschreckend still und menschenleer. Als ich herumging, um den Eingang zu finden, sah ich viele große farbige Sprüche, die an die Wände gemalt waren: alles über die Wichtigkeit der islamischen Kleidervorschriften. Am Eingang hat man ein Stück von der Wand wie eine Tafel bemalt. Darauf stand, nach welchen Kleidungsvorschriften man hineingelassen werde: Langer dunkler Mantel, ein großes dunkles Kopftuch, eine weite dunkle Hose, darunter dicke Strümpfe. Man sollte keine Schminke und keinen Nagellack tragen. Als Krönung stand ein Satz über die Wichtigkeit der Ehre und als Fazit:»Lachen und miteinander sprechen beim Baden ist strengstens verboten.«

Ich trug nicht die vorgeschriebene Kleidung, es war heiß, ich wurde wütend, lieber wollte ich die Schmerzen ertragen, als unter diesen Umständen zu schwimmen.

Ich kehrte wieder nach Hause zurück und erkundigte mich, ob es in irgendeinem Hotel noch Schwimmbäder gibt, die Frauen benutzen können. Ich habe alle Hotels angerufen. Es gab nur in einem einzigen Hotel ein Schwimmbad, das an bestimmten Tagen für Frauen geöffnet war. Die Mühe war umsonst. Es war eines der Luxushotels. Es gab keine Einzeltickets, und der Preis war für mich unbezahlbar.

* * *

Ich bewundere iranische Frauen, weil sie nach zehnjährigem Schleierzwang es noch immer nicht aufgegeben haben, sich dieser Regelung zu widersetzen. Sie werden seit zehn Jahren auf der Straße nach islamischer Kleidung überprüft. Seit zehn Jahren fahren gelbe Kleinbusse mit mehreren RevolutionswächterInnen an Bord in der Stadt herum, sie nehmen Frauen fest, die dünnere Strümpfe anhaben, als es vorgeschrieben ist, sich ganz unauffällig geschminkt haben oder Nagellack tragen. Bunte Kleider, farbige Kopftücher, herausschauende Haarsträhnen sind verboten.

Die verhafteten Frauen werden, je nach begangener »Sünde« und politischem Klima, mündlich verwarnt oder müssen ein Blatt unterschreiben worauf steht, »Ich verspreche, daß ich in Zukunft keine Prostitution mehr betreiben werde«, oder sie kommen ins Gefängnis und werden dort belehrt und Folterungen und Schikanen ausgesetzt.

Vor einigen Jahren berichteten die Flüchtlinge, daß sie wegen »Bad Hedjabi« - Mißachtung der Kleidervorschriften - in einen Sack voller Kakalaken gesteckt wurden oder sie mußten, nur weil sie Nagellack trugen, auf dem Friedhof Leichen waschen oder sind ausgepeitscht worden. Einigen hat man mit einem Schild vor der Brust fotografiert. Darauf stand: »Prostituierte zweiten Grades«. Man hat ihnen angedroht, wenn sie noch einmal auf der Straße in dieser Aufmachung erscheinen, würden sie das Foto veröffentlichen.

Vor einigen Jahren hat die Regierung auch ein Arbeitslager für »sündige« Frauen errichtet, wo sie zur Zwangsarbeit gezwungen werden.

In den Schulen gibt es noch strengere Kleidervorschriften. Ein Flüchtling erzählte mir folgendes: »Ich war zusammen mit meiner neunjährigen Tochter zur Schule gegangen, um sie für das neue Schuljahr anzumelden. Vorsichtshalber haben wir uns sehr sorgfältig nach islamischen Vorschriften eingekleidet. Meine Tochter hatte, wie vorgeschrieben, ein großes dunkelblaues rutschfestes 'Maghnae' angehabt (eine Art Kopftuch, das rund wie ein Tischtuch geschnitten ist und ein Loch in der Mitte hat, aus dem das Gesicht herausschaut; das Ganze wird mit einem Stück Gummi am Hinterkopf festgehalten, so daß es nicht verrutschen kann, Verf.).

Die Direktorin nahm die Anmeldung entgegen, sagte aber zum Schluß, 'Ihre Tochter kann aber in dieser Aufmachung nicht die Schule besuchen!'. Ich antwortete, 'Wie soll sie dann zur Schule kommen?', denn ihre 'Maghnae' war groß und saß fest, der Mantel war weit geschnitten und die Hose lang und weit genug. Sie hatte auch keine verbotenen farbigen Sportschuhe angehabt. Die Direktorin antwortete, 'Sie soll auch ihr Kinn noch bedecken.'«

Der Staatspräsident und jetzige Machthaber der islamischen Regierung Rafsandjani versuchte einige Male, die Kleiderordnung ein wenig zu lockern, in dem er zum Beispiel beim Freitagsgebet sagte, die Frauen müssen nicht unbedingt einen Mantel tragen, ein Kostüm würde ausreichen.

Daraufhin gingen die mutigen Frauen mit ihren Kostümen auf die Straßen und sind dort von den fanatischen Anhängern des unterlegenen Regierungsflügels angegriffen und verletzt worden.

In den zehn Jahren, seitdem die islamische Kleiderordnung gilt, hat es sehr viele verschiedene Phasen gegeben. Sobald die Zahl der gelben Kleinbusse, die auf den Straßen herumfahren und Frauen kontrollieren und festnehmen, abnimmt, kommen sie mit bunteren Kopftüchern und sogar einem dünnen Lippenstift auf die Straße. Sie machen sich gegenseitig Mut, so daß nach einigen Tagen ihre Kopftücher nicht mehr ganz vorne sitzen.

Dies wird so weitergehen, bis die fanatischen »Hizbollahs« ihre Geduld verlieren und wieder mit ihren Motorrädern durch die Straßen fahren, Frauen beschimpfen und sie mit Messern und Fäusten bedrohen und verletzen. Die Frauen sind wieder für einige Wochen eingeschüchtert, halten sich strenger an die Regeln und geben sich mit ihren dunklen, großen Kopftüchern zufrieden. Jedesmal zu Anfang der Wärmeperiode geht das Ganze wieder von vorne los. Der Zweikampf zwischen Frauen und fanatischen Kräften findet auch am Anfang des Fastenmonats Ramadan und des Trauermonats Moharram statt.

Die letzte dieser Auseinandersetzungen war Ende April 1991, die in Teheran zur Verhaftung von achthundert Frauen führte. Es wird aus dem Iran berichtet, daß in den letzten Jahren weniger Kontrollen auf der Straße stattgefunden haben. Die Verhaftungen im April zeigen aber, daß dies mehr oder weniger zu einer periodischen Lockerung zählte.

Ich glaube, daß die islamische Regierung diese Maßnahmen nicht nur als ein Mittel zur Durchsetzung der islamischen Vorstellungen versteht. Hinter diesen Maßnahmen steht auch die Absicht einer psychologischen Kriegsführung. Die Machthaber versuchen dadurch, die Frauen zu demütigen und sie einzuschüchtern.ü

Wenn eine Frau ständig Angst hat erwischt zu werden, nicht weil sie sich aktiv der Regierung widersetzt, sondern nur weil sie eine Frau ist, wenn sie bei der Begegnung mit den »Ordnungshütern« die Hände sofort in die Tasche stecken muß, damit sie nicht sehen, daß sie Nagellack trägt, und wenn sie dauernd mit einer Hand ihr Kopftuch festhalten muß, damit es nicht einige Zentimeter nach hinten rutscht, hat sie sich dieser Regierung bereits unterworfen. Sie wird auch nicht den Mut haben gegen die Teuerungen, gegen den Krieg und gegen Einschränkungen der demokratischen Rechte, gegen Folterungen und Hinrichtungen zu protestieren.

Die Angst, die ständig die Frauen umgibt, wird auch teilweise auf Männer, ihre Ehemänner, Freunde, Söhne und Väter übertragen. Wenn Frauen zehn Jahre nach Einführung des Schleierzwangs, sich noch immer nicht zufrieden geben und bei jeder Lockerung versuchen, die Gebote zu umgehen, geht es ihnen nicht darum, ihre Haarsträhne unbedingt zeigen zu wollen. Es geht ihnen um mehr. Sie kämpfen um ihre persönliche Freiheit, zu der auch die freie Auswahl der Kleidung gehört. Die Farbe ihrer Kopftücher und deren Größe ist ein Maßstab für ihren Mut, sich gegen die Gewaltherrschaft zu wehren.

* * *

Die Frauen haben nicht nur dann Angst, wenn sie nicht streng nach islamischen Vorschriften angezogen sind, sondern auch, wenn sie mit einem Freund, mit einem Cousin, mit jemandem, der nicht ihr Ehemann, Vater oder Bruder ist, auf der Straße gehen, in einem Restaurant oder Café sitzen. Sie werden bei »Verdacht« festgenommen von den Revolutionswächtern mit ihren gelben Kleinbussen. Nach der Festnahme werden sie sofort getrennt und verhört. Wenn sie keinen Ausweis bei sich haben und behaupten sie seien Geschwister oder ein Ehepaar, wird mit Fragen wie, »Wie heißt eure Großmutter?« usw., die Wahrheit herausgefunden.

Ein Flüchtling erzählte mir 1986, daß sie einmal zusammen mit einem männlichen Kollegen in einem Auto zur Schule gefahren ist. Sie war damals 34 Jahre alt und noch unverheiratet. Der Kollege war ein guter Familienfreund, den sie schon seit vielen Jahren, seit der Studienzeit, kannte.

Ihre Großmutter lebte in Schiraz, einer Großstadt, die eine Stunde von ihrem Wohnort entfernt lag. Sie sei an jenem Wochenende nach Schiraz zu ihrer Großmutter gefahren. Der Freund und Kollege hielt sich ebenfalls an diesem Wochenende in Schiraz auf. Sie sind dann am Samstagmorgen, dem iranischen Wochenanfang, zusammen in die Schule gefahren. Unterwegs wurden sie von Revolutionswächtern angehalten und festgenommen. Man hat sie dann, wie es in diesen Fällen üblich ist, nach ihrer Jungfräulichkeit ärztlich untersucht. Sie war »unschuldig«, deshalb haben die Wächter sie nach 24 Stunden Verhör freigelassen. Sie ging zur Schule und nahm ihre Arbeit wieder auf.

Nach einiger Zeit, sie unterrichtete gerade im Klassenraum, wurde sie aufgefordert im Schulbüro vorzusprechen. Dort saßen fünf oder sechs Frauen mit schwarzen Schleiern und fast bedeckten Gesichtern. Die Frau erzählte weiter:

»Sie zeigten mir ein Stück Papier, ein 'Urteil', und sagten, ich bin zu 72 Peitschenhieben verurteilt. Das Urteil mußte sofort auf dem Schulhof vollstreckt werden.

Ich weinte und protestierte. Es muß doch ein Irrtum sein. Ich bin ja nicht schuldig. Ich muß doch zu meiner Verteidigung etwas sagen können.

Die Frauen antworteten, 'Sie können sich später beschweren, aber jetzt müssen wir das Urteil vollstrecken.'

Dann stellten sie einen langen Tisch, den sie aus dem Schulbüro geholt haben, im Schulhof auf. Die Schülerinnen aus den obersten Klassen und die Arbeitskolleginnen wurden gerufen. Einige blieben nicht und gingen nach Hause. Sie sagten zu mir, 'Schuhe ausziehen und mit dem Bauch auf den Tisch legen'. Meine Hände und meine Füße banden sie zusammen. Eine von ihnen fing an mich zu schlagen. Die Schüler haben geweint, geschrieen und meinen Namen gerufen. Das tat weh. Dann habe ich meinen einzigen Körperteil, den ich noch frei bewegen konnte, meinen Kopf, gegen den Tisch gehauen. Ich wünschte mir, im Boden zu versinken. Mein rechtes Auge ist dadurch verletzt worden. Die Ärzte sagten, mein Auge habe eine innere Blutung und muß operiert werden. Trotz der Operation war es nicht zu retten. Ich verlor mein Augenlicht. Jetzt trage ich ein künstliches Auge.«

Diese Frau hat in der Bundesrepublik kein Asyl gefunden. In ihrem Ablehnungsbescheid stand:

»Auch wenn Sie Ihre Auspeitschung als äußerst demütigend empfunden haben, stellt diese Maßnahme dennoch keine individuelle politische Verfolgung im Sinne des Grundgesetzes dar. Vielmehr handelt es sich um eine Strafe, die zur Aufrechterhaltung der islamischen Ordnung ergriffen wurde und die in dieser oder ähnlicher Weise jede Person getroffen hätte, die eines vergleichbaren Vergehens beschuldigt worden wäre.«

Die Frau ist kurz vor einer Abschiebung gerettet worden - man hat sie in den frühen Morgenstunden in ihrem Wohnheim festgenommen und während sie laut weinte und schrie nach Frankfurt geflogen. Sie sollte bereits am selben Nachmittag nach Teheran abgeschoben werden. Sie ist inzwischen in die USA ausgewandert.

* * *

Viele Menschen wundern sich, warum die islamische Regierung, trotz vieler frauenfeindlicher Maßnahmen, noch so viele Anhängerinnen besitzt.

Ein Teil der Frauen, die Khomeini an die Macht geholfen haben, sind bis heute der islamischen Regierung treu geblieben. Es sind Frauen, deren »Rechte« nicht durch die neue Regierung eingeschränkt wurden. Frauen, die damals wie heute ihre Kleidung nicht selber wählen durften, weil sie nur einen einzigen Schleier besitzen, der ihre Armut bedeckt. Sie machen sich selten über ihre Rechte Gedanken, nicht weil sie geistig dazu nicht in der Lage sind, sondern weil sie z.B. trotz Unterdrückung und Gewalt sich von ihren Männern nicht scheiden lassen können, weil sie für sich und für ihre zahlreichen Kinder keine andere Überlebensmöglichkeit kennen. Sie wurden auch nicht von ihrem Beruf fortgejagt. Sie können weiter als Straßenverkäuferinnen, Haushaltsgehilfin und in der Fabrik arbeiten.

Sie haben auch früher, während sie zur Arbeit gingen, ihre Kinder nicht den Kindertagesstätten anvertraut, weil es sie in ihren Vierteln gar nicht gibt und außerdem für sie unbezahlbar sind, sondern ihren älteren Schwestern, ihren Müttern und Nachbarn anvertraut oder haben sie alleine zuhause gelassen. Manchmal nahmen sie die Kinder zu ihren Verkaufsständen mit, wo sie zwischen fahrenden Autos herumliefen und nicht selten überfahren wurden.

Sie heirateten schon vor der Revolution sehr früh, und sind auch nicht von Schulen oder bestimmten Fachrichtungen der Universität ausgeschlossen worden, weil sie kaum oder nur ein paar Jahre zur Schule gehen durften.

Es gibt auch einen Teil der städtischen Mittelschicht und wohlhabenderen Schichten, die zu den Anhängern der Regierung zählen. Menschen, die aus Überzeugung fanatische Meinungen vertreten oder diejenigen, die durch diese Regierung zu Rang und Macht oder Geld kamen.

Es gibt zum Beispiel Schuldirektoren, die durch Beziehungen zu religiösen Kräften zu ihrem Amt gekommen sind, obwohl sie kaum selber lesen und schreiben können. Sie stehen an der Spitze einer großen Industrieanlage, obwohl sie keinesfalls fachlich dazu in der Lage sind.

Für die Frauen in diesen Schichten hat die islamische Regierung keine Verschlechterung gebracht.

Innerhalb der religiösen fanatischen Familien gab es auch in der vorrevolutionären Zeit bestimmte Traditionen und Einschränkungen. Die islamische Regierung bedeutete für diese Frauen fast eine Befreiung, weil sie immer mehr gesellschaftliche Aufgaben übernehmen konnten und in neu geschaffene Berufe aufgenommen wurden.

Allein in den Schulen wurden Tausende von ihnen als »Lehrerinnen für erzieherische Gebote«, die auf islamische Abläufe in der Schule und Einhaltung der Kleiderordnung achteten, beschäftigt. Frauen, die am Eingang jeden öffentlichen Gebäudes standen und die ihre Geschlechtsgenossinnen nach ihrer islamischen Kleidung prüften, zählten teilweise zu diesem fanatisierten Teil der Bevölkerung.

In der vorrevolutionären Schahzeit wäre es nicht denkbar gewesen, solche Frauen in Amt und Würden zu sehen. Sie waren ständig zu Hause. Für Fanatiker galt die Gesellschaft als verdorben, wo sie ihre Frauen und Töchter zur Arbeit und Studium nicht hinschicken konnten.

Jetzt werden die Universitätskandidaten nach ideologischen Ansichten geprüft. Wer die Prüfung nicht besteht, wird gar nicht erst aufgenommen. Die Männer können sich für die Prüfung gut vorbereiten und zur Not lügen. Die Frauen fallen spätestens bei Nachforschungen, z.B. bei Nachbarn oder beim Lebensmittelhändler um die Ecke, auf, wenn sie sich nicht 100%-ig islamisch anziehen, und werden deshalb nicht aufgenommen.

Die religiösen und fanatischen Frauen hingegen dürfen erst jetzt, wo die Universitäten »rein« sind, wo Mädchen brav in den hinteren Reihen sitzen müssen, damit die Jungs sich nicht an ihren bedeckten Nacken erregen können, wo die Eltern sicher sind, daß ihre Töchter nicht mit einem Kommilitonen sprechen oder spazierengehen dürfen, die Stühle in den Universitäten besetzen.

Es gibt auch jetzt zahlreiche Frauenaktivitäten, an denen die Frauen ungehindert teilnehmen können. Fanatische Frauen bauten fast in jedem Stadtviertel eine Frauengruppe auf.

Sie gehen gemeinsam zum Freitagsgebet, sie besuchten die verletzten Soldaten in Krankenhäusern, sie nahmen an den Beerdigungen und Trauerfeiern für die gefallenen Soldaten und Revolutionswächter während des achtjährigen Krieges teil und hinderten die Familie daran zu weinen oder die Regierung zu beschimpfen. Sie gingen dorthin und gratulierten den Eltern, daß ihre Söhne jetzt im Paradies sind, riefen Parolen und verunsicherten die Trauergäste.

Sie gingen auf den Friedhöfen herum, beschimpften und bedrohten die Hinterbliebenen der Hinrichtungen, die an den Gräbern ihrer Kinder, Männer und Frauen weinten. Zerrissen ihre Bilder und zogen weiter.

Sie besuchten gemeinsam Khomeini oder andere Würdenträger, hörten ihnen zu, weinten, riefen Parolen und wurden im Fernsehen gezeigt.

Während des Krieges haben sie für die Front gekocht und gebacken, gestrickt und geflickt und wurden ebenfalls dabei gefilmt und als Heldinnen gezeigt. Dies hat ihnen Mut und Macht gegeben, sie waren von zuhause, von reiner Hausfrauenarbeit, von ihrer früheren Rolle, ein »dummes Weib« zu sein, befreit.

Sie demonstrierten, trugen Waffen, sprachen Parolen, und das war für eine traditionelle fanatische Gläubige in vorrevolutionärer Zeit völlig undenkbar. Sie waren meilenweit vorangekommen und waren auf keinen Fall bereit, ihren Befreiern den Rücken zu kehren. Nun ist die revolutionäre Euphorie gedämpft, die Kommitees und ihre Revolutionswächter haben sich mit Berufspolizisten vereinigt, die USA ist nicht mehr »Der große Satan« und man demonstriert seltener. Einige Gefangene, ein kleiner Teil derjenigen, die jahrelang Hinrichtungen und den letzten Massenmord 1988 überlebt hatten, haben längeren Hafturlaub erhalten oder sind freigelassen worden. Man diskutiert darüber, ob Sängerinnen - sie dürfen seit der Macht-übernahme der islamischen Regierung nicht mehr auftreten - nur für ein weibliches Publikum singen dürfen.

Aber immer noch sitzen viele unschuldige Frauen und Männer hinter Gittern, werden die Frauen auf der Straße wegen Nichtein-haltung der Kleiderordnung verhaftet, immer noch können Frauen keine Richterinnen werden, immer noch kann der Mann allein über die Scheidung bestimmen, und das Leben einer Frau gilt noch immer nur halb soviel wie das Leben eines Mannes, und immer noch gibt es Frauen, für die die islamische Regierung die Tore zu Universitäten und Berufen öffnete und die ihr dafür dankbar sind.

Warum

wird das Buch von Frau Mahmoody in einigen Ländern,
an der Spitze Deutschland, so viel gelesen?

Im April 1991 besuchte ich eine Freundin in London. Sie ist eine
engagierte Juristin und Frauenrechtlerin. Wir haben zusammen im
Iran in »Ettehade Melli Zanan«, dem Nationalen Bund der Frauen,
gearbeitet. Ich erwähnte Mahmoodys Buch und sagte, daß ich dabei
bin, darüber etwas zu schreiben.
Ich war sehr erstaunt als ich hörte, sie kenne das Buch nicht. Ich
beneidete sie.
Es gibt kaum eine Iranerin in der alten Bundesrepublik, egal in
welchem Beruf und sozialer Umgebung, die nicht hundertfach auf
das Buch angesprochen und zu Kommentaren gezwungen wurde.
Es gibt kaum eine deutsche Frau, die mit einem dunkelhäutigen
oder dunkelhaarigen Ausländer zusammenlebt, die nicht mehrfach
das Buch als Geschenk bekommen hat oder es ihr empfohlen wurde.
Eine deutsche Freundin erzählte, sie war zusammen mit einer
Gruppe in einer westdeutschen Stadt. In der Gruppe waren auch
zwei dunkel aussehende Männer.
Eines Tages gingen alle in der Fußgängerzone spazieren. Da kam
eine Frau zu ihr, die sich gerade über den Büchertisch eines Buch-
ladens bückte, und gab ihr das Buch von Betty Mahmoody in die
Hand und empfahl es zu lesen und schaute zugleich die Männer, die
sie begleiteten, mit einem bösen Blick an.
Als ich von London zurückkehrte, fragte ich mich, warum das
Buch gerade in der Bundesrepublik und in Frankreich so oft gelesen
wird. Mag es an der überwiegenden Zahl muslemischer Einwander-
Innen in diesen Ländern liegen, oder an einem verstärkten nationalen
Gefühl und größerer Fremdenfeindlichkeit?
Die Gründe, warum Frau Mahmoodys Buch gerade in diesen
Ländern so eine Resonanz gefunden hat, müssen uns doch zu denken
geben.
Zwar behandelt das Buch ein brennendes Thema, Gewalt gegen
Frauen und Kindesentführung, und ist leicht verdaulich und span-
nend geschrieben, dennoch muß es noch andere Gründe geben,

warum die US-Amerikanerin Frau Mahmoody nur 300.000 Exemplare ihres Buches in den USA verkauft, aber in Deutschland es bald drei Millionen sein werden.

Ich habe keine Erklärung dafür, aber eine Vermutung. Ich denke an die häufigen Angriffe auf nicht-deutsch aussehende Menschen. Ich denke an die Behandlung der ImmigrantInnen und Flüchtlinge durch Gesetze, Verordnungen und Medien, an Rechtsradikale und bürgerliche Parteien, die ImmigrantInnen und Flüchtlinge als Sündenböcke darstellen und behandeln. Ich denke an Menschen, die seit mehreren Jahrzehnten hier leben und arbeiten, aber noch immer als Menschen zweiter Klasse behandelt werden.

Ich denke an den Berliner Wahlkampf 1990 und an das einzig herausragende Thema: »Asylanten« und »Ausländer«. Einige Parteien benutzen das Thema, um die Menschen vor der »Asylantenflut« und »Ausländerkriminalität« zu warnen und warten, bis ihnen die eingeschüchterten WählerInnen wie faule Äpfel in den Schoß fallen.

Ich denke an die Berliner Ausländerbehörde, vor der Immigrantinnen und Flüchtlinge, Alte und Kranke an kalten Januar- und Februartagen in beißender Kälte und Schnee die halbe Nacht in einer Warteschlange verbringen mußten.

Ich denke an den iranischen Studenten Madjied, der von Rechtsradikalen im vollen U-Bahn Abteil als Türke beschimpft und zusammengeschlagen wurde, und an die Zuschauer, die sich nicht rührten bis die Rechtsradikalen ihn mit einem Tritt den Kiefer brachen.

Ich denke an den Pakistani Azhar, der auf dem Universitätsgelände mit der Parole »Deutschland den Deutschen« zusammengeschlagen wurde und im Krankenhaus an den Folgen seiner Verletzungen starb und daran, daß die Polizei seine Hilferufe nicht ernst nahm und erst dann kam, als ein Deutscher sie rief.

Ich denke an die Wohnheime der Vietnamesen und Mozambikaner, die fast jeden Tag und besonders am Wochenende von Rechtsradikalen überfallen werden und daran, daß bei Demonstrationen, egal wer sie organisiert und aus welchem Anlaß, kräftige Polizisten mit Schild und Helm vor jedem Bordell und Sex-Shop stehen, damit die Scheiben nicht zu Bruch gehen, aber keiner, außer ein paar freiwillige Frauen und Männer, es für nötig hält, in der Nacht zum 20. April - Hitlers Geburtstag - trotz den angekündigten Aktionen der Neonazis sich schützend vor ihre Häuser zu stellen.

Ich denke an die ständig angegriffenen Häuser, die nicht einmal ein funktionsfähiges Telefon besitzen, damit die BewohnerInnen bei Gefahr sich Hilfe holen können oder die Polizei benachrichtigen.

Ich denke an »Republikaner«, die trotz ihrer beschämenden Nazi-Sprüche und Parolen in vielen Bundesländern die 5%-Hürde übersprungen haben und daran, daß dunkelaussehende Kinder schon in Kindergärten und Grundschulen die Fremdenfeindlichkeit kennenlernen müssen und bei jedem normalen Kinderstreit um eine Puppe oder Ball als blöder »Türke« oder »Araber« beschimpft werden.

Ich denke an das achtjährige iranische Flüchtlingskind, das nach einer Wahlsendung der »Republikaner« im Fernsehen ängstlich seine Mutter fragte, »Können wir nicht irgend woanders hingehen?«. Ich denke an Flüchtlinge, die nach körperlicher Mißhandlung und vor drohenden Überfällen von einem Bundesland in das nächste flüchten müssen.

Ich denke an ein paar harmlose Eier, die das Haupt des Bundeskanzlers trafen und Tage für Diskussionen und Aufregung sorgten und an die Steine, die jeden Abend irgendwo die Scheiben eines Wohnheims treffen, hinter denen Vietnamesen und andere »Ausländer« nachts nicht ruhig schlafen können.

Ich denke an Neonazis, die in Berlin in einer Fernsehansprache zu einer Demonstration an Hitlers Geburtstag aufriefen und ungehindert ihre Ansprache vom Kabelfernsehen verbreiten lassen durften.

Dann kann ich sehr gut verstehen, wenn viele »anständige« deutsche Bürger, um ihr Gewissen zu beruhigen, die Benachteiligten und Mißhandelten für gewalttätige und unzivilisierte Menschen halten wollen, die kein besseres Leben verdient haben.

Außerdem ist es beruhigender, wenn man die »amerikanischen« Aufnahmen im Fernsehen sieht, in denen Raketen spielerisch ihre Ziele treffen, die bombardierten Menschen, um Frau Mahmoody zu zitieren, als »schmutzig«, »unzivilisiert« oder »wie die wilden Tiere« sich vorstellt, als wenn man annimmt, es sind Menschen wie du und ich, die unter einem furchtbaren Bombenkrieg leiden.

Viele Deutsche können sich wegen ihrer Geschichte - trotz wirtschaftlicher Fortschritte - als »Deutsche« nicht stolz fühlen. Mahmoody ermöglicht ihnen, sich zumindest als zivilisierte Kulturträger den »Arabern«, »Türken«, »Iranern« und schließlich allen »Mus-lims« überlegen zu fühlen und damit ihr vernachlässigtes und verletztes Nationalgefühl zu pflegen.

Nachwort

Ich fragte auf den ersten Seiten, warum niemand zu dem Buch von Frau Mahmoody etwas sagt oder schreibt. Seit ich zu schreiben angefangen habe, sind viele Monate vergangen. Ich kenne inzwischen viele Zeitungsbeiträge und zwei Bücher, die zu dem Thema erschienen sind.

Das eine ist von Mostafa Arki mit dem Titel »Das andere anders sein lassen« und ist beim Internationalen Kulturwerk in Hildesheim im Selbstverlag erschienen. Es ist das einzig ernstzunehmende Buch, das über Mahmoody erschienen ist. Es ist in einer anspruchsvollen, nicht leicht lesbaren Sprache verfaßt, in dem unter anderem die Probleme der bikulturellen Ehe und Beziehungen aus männlicher Sicht betrachtet werden.

In dem zweiten, ebenfalls im Selbstverlag erschienenen Buch »Nicht ohne meine Betty« schreiben fünf deutsche und iranische Frauen unter dem Pseudonym T. Rasi einen humorvollen, phantasiereichen Text, der aber voller rassistischer Angriffe und beleidigender Äußerungen Frau Mahmoody gegenüber und gegenüber dem Menschen aus dem arabischen Raum ist, die pauschal als »Araber« und »Moslems« bezeichnet werden. Sie schreiben in ihrem Vorwort, sie wollen sich in diesem Buch auf das Niveau von Frau Mahmoody begeben, auch wenn das ihnen nicht sehr leicht falle.

Trotz Verständnis für Humor, ihre wiederholten Haßausbrüche, ihre Verachtung der völlig unbeteiligten Menschen aus dem arabischen Raum und der Moslems sehe ich eher als Unterstützung des rassistischen Gedankenguts Frau Mahmoodys an, das dieses Mal nur gegen andere gerichtet ist. »Nicht ohne meine Betty« ist kein Beitrag zur Aufklärung.

* * *

Das Buch »Nicht ohne meine Tochter« und seine Botschaften, Vorurteile und Haß breiten sich wie eine Epidemie aus, so daß in der ganzen Euphorie sich niemand um Vater Mahmoody Gedanken macht.

Auch wenn er ein brutaler, gewalttätiger und psychisch kranker Mann ist, wie er von Frau Mahmoody beschrieben wird, hat er als Mensch und Vater gewisse Menschenrechte.

Es ist keine Kunst wenn man für sich selber oder für die eigene Gruppe Gerechtigkeit und Menschenrechte verlangt. Der Ruf nach Gerechtigkeit und Menschenrechte ist dann ernst zu nehmen, wenn man dies auch den Andersdenkenden und den Gegnern zugesteht.

Gewiß muß Herr Mahmoody für seine begangene Tat bestraft werden, aber daß er als Vater keine Chance mehr hat, seine Tochter wiederzusehen und zu fühlen, ist keine geringe Strafe.

Frau Mahmoody hat auch eine Tat begangen, auch wenn sie gute Gründe dafür hatte. Das Kind von einem Elternteil fernzuhalten galt für Frau Mahmoody als so schwerwiegendes Unrecht, daß sie nach einer kurzen Trennung und der Vermutung, Moody könnte dies wieder tun, ihre Tochter für immer aus dem Iran entführt hat.

Ich rüge Frau Mahmoody nicht wegen ihrer Kindesentführung, weil die Gesetze im Iran ihr nicht die Möglichkeit gaben, dort zusammen mit ihrer Tochter ein menschenwürdiges Leben zu führen, aber ich kritisiere sie jetzt, wo sie die Gesetze und die öffentliche Meinung auf ihrer Seite hat, daß sie ihr Problem mit Hilfe eines Revolvers zu lösen versucht. Sie posiert stolz mit dem Revolver in der Hand vor der Kamera und sagt, für diejenigen, die sie nicht ernstnehmen: »Ich werde ihn auch wirklich benutzen!«

Sigrid Hunke
Allah ist ganz anders

Enthüllung von 1001 Vorurteilen über die Araber
3. Auflage. 1991. 142 Seiten. Gebunden DM 24,-
ISBN 3-926116-25-0

»Sigrid Hunke versucht keineswegs eine Apologie islamischer Terrorregime wie das des Ayatollah Chomeini oder des Saddam Hussein, sondern erklärt deren Entstehung und räumt mit einer langen Liste von westlichen Vorurteilen und Geschichtsfälschungen den Islam betreffend auf. Sie deckt die Ursachen für unser Trauma gegenüber den Arabern ebenso auf wie die Gründe für die derzeitige Tendenz der islamischen Völker zu einem menschenverachtenden Fundamentalismus... Sigrid Hunke ist sicher mehr als irgendjemand sonst dazu geeignet, zum Verständnis für den Islam aufzurufen... Wir können nicht genug solcher Beiträge erhalten.«
Elke Sturm-Trigonakis, Radio Bremen

»*Allah ist ganz anders* ist ein beeindruckendes Buch, das von dem umfangreichen Wissen seiner Verfasserin über Geschichte und Kultur zeugt... Sie schreibt polemisch und engagiert, fern von jedem akademischen Dozieren. Sigrid Hunke liefert eine Anleitung, wie man Lügen, Vorurteilen und Geschichtsfälschungen entgegentreten kann...«
Peter L. Zweig, Greif-Literatur-Magazin

Mansour Labaky
Kfar Sama
Dorf des Himmels

Aus dem Französischen von Ursula Assaf-Nowak.
2. Auflage. 1989. 122 Seiten. Sonderausgabe DM 18,-
ISBN 3-926116-17-X

Kfar Sama erzählt die Geschichte der Menschen in einem gewöhnlichen Dorf des heutigen Libanon. Doch ihre Geschichte ist so ungewöhnlich, wie es ein Friedensreich mitten in einer Kriegslandschaft nur sein kann...

»Möge diese Stimme bis ans Ende der Welt gehört werden.« *Charles Malik, Philosoph*
»Ein ungewöhnlicher, sehr poetischer Aufschrei gegen den Krieg, ein Lobpreis des Friedens und der Schönheit.« *Elisabeth Mair*

Richard St. Barbe Baker
Der Mann der Bäume
»Laßt uns Überleben pflanzen!«

Mit einem Vorwort von Bernd Herbon.
1991. 142 Seiten. Broschur DM 19,80
ISBN 3-926116-24-2

Es gilt, den vielleicht größten Ökologen dieses Jahrhunderts zu entdecken - ein Gandhi der Öko-Bewegung.

Hafez Sabet
Die Schuld des Nordens
Der 50-Billionen-Coup

1991. 128 Seiten. Broschur DM 18,-
ISBN 3-926116-34-X

Die Schuld des Nordens: Die Länder des Südens schulden dem Norden 1,3 Billionen US-Dollar. Hafez Sabet macht erstmals die konkrete Gegenrechnung auf: Bei fairen Wirtschaftsbeziehungen würde der Norden dem Süden das 40fache schulden: 50 Billionen Dollar.

Die Perspektive des Südens: Die Krise des Südens ist so weit zugespitzt, daß ihre Krisenerscheinungen nunmehr zunehmend auch den Norden direkt betreffen. Stichworte: neuen Völkerwanderung, Kollaps der Finanzmärkte, die neue armutsbedingte Umweltzerstörung.

Die neue Weltordnung: Hafez Sabet geht in seinen Schlußfolgerungen über die bisher diskutierten Forderungen wie jenen nach einer neuen Weltwirtschaftsordnung weit hinaus.

Farah Dustdar
Die Frau und der Weltfrieden
Ansätze zu einer gewaltfreien Gesellschaft

151 Seiten. Broschur DM 16,80
ISBN 3-926116-05-6

»Dieses Buch muß jede Frau gelesen haben.«